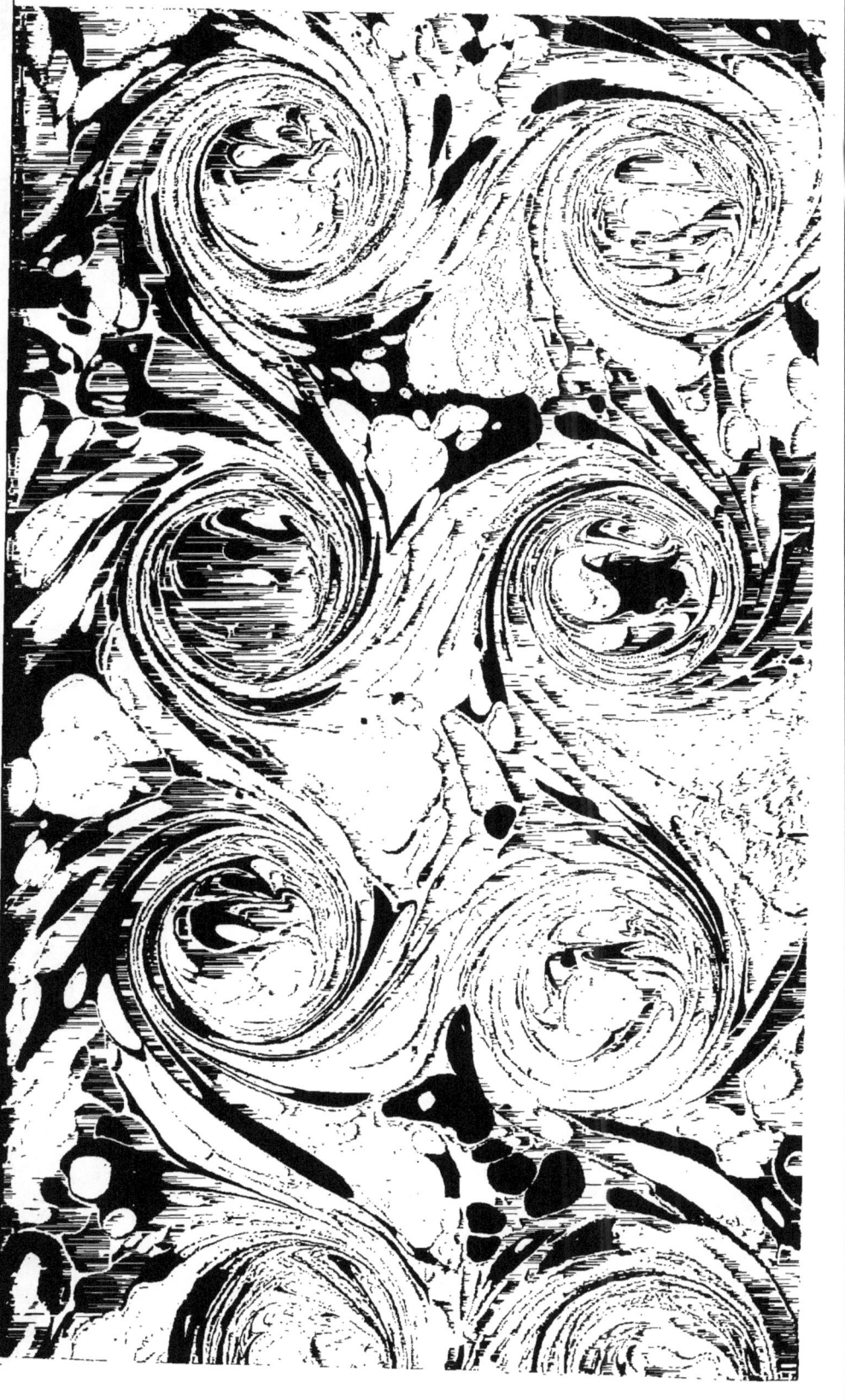

VOYAGE
DE LONDRES
A GÊNES.

TOME SECOND.

VOYAGE DE LONDRES A GÊNES.

PASSANT PAR L'ANGLETERRE, LE PORTUGAL, L'ESPAGNE, ET LA FRANCE.

Par JOSEPH BARETTI,

Secrétaire pour la Correspondance Etrangere de l'Académie Royale de Peinture, de Sculpture & d'Architecture.

Traduit de l'Anglois sur la troisieme Edition, en quatre Volumes.

TOME SECOND.

A AMSTERDAM,
Chez MARC-MICHEL REY.
MDCCLXXVII.

VOYAGE DE LONDRES À GÊNES.

LETTRE XXXIV.

Lenteur des Mules. Yago & Don Manuel, un Desert. Estallages autrement Etables. Pruderie femelle. Le Barbier conquérant. Sots & Voleurs.

Vientas nuevas; 18 Septembre 1760.

COUCHEZ-vous tard, & levez-vous de bonne heure, & vous verrez qu'un sac de paille vous servira tout aussi bien qu'un bon lit. J'ai dormi cinq bonnes heures sur ce sac, & quand à la vermine de *Aldea-gallega*, elle n'a fait que me rappeller les écrivains satiriques de Rome, où les auteurs de la *revue du mois* ou de la *revue*

Tome II.   A

critique du mois, qui feroient du mal s'ils en avoient le pouvoir (1).

Il étoit près de sept heures ce matin, lorsque je suis monté dans une chaise trainée par une paire de braves mules noires. Les *Caleisseiros* (2) ont été obligés d'enchaîner celle qui étoit entre les brancards: parce que c'est une *nouvelle mule*; c'est-à-dire qu'on n'y avoit jamais mise. Au moment quelle s'est trouvée en liberté elle a galoppé comme si elle avoit été dans l'intention de remplir en un seul jour la tâche de quinze: cependant il en est des mules comme de bien des gens. Ils commencent une entreprise avec une grande apparence d'ardeur; mais elle diminue bientôt & fait place à la langueur. La mule cessa bientôt de galopper, de sorte que Baptiste qui me suivoit dans une autre chaise, & un Dominicain qui étoit dans une troisieme ne tarderent pas à me joindre, les trois voitures se suivant l'une l'autre nous transporterent en six heures de temps à un endroit nommé *Peagones*.

Mais avant que d'avancer un pas de plus il faut que je vous fasse faire connoissance avec mes bons amis les *Caleisseiros*. L'un

(1) Titres de deux Journaux qui se publioient tous les mois à Londres.
(2) Postillons, cochers, muletiers.

d'eux est un Portugais nommé *Don Manuel* l'autre un Gallicien qui se nomme simplement *Yago*, sans aucun *Don* ou *Dom*. Il ne m'a pas encore été possible de décider lequel des deux est le plus grand fripon. J'ai vu une fois pendre en Angleterre un filou qui ressembloit assez à *Yago* & je me rappelle un drôle qui étoit aux Galleres de *Ville franche* dont le nez étoit aussi crochu que celui *Don Manuel*. Ce sont peut-être de fort bonnes gens, me dit *Kelly* lorsqu'il les vit pour la premiere fois; mais soyez en garde contre la race des *Caleisseiros*.

Comme il ne se trouve ni chaises de poste, ni coches, entre la Capitale du Portugal, & celle d'Espagne, ceux qui ne veulent pas monter des mules, ou qui ne vont pas à pied d'une de ces villes à l'autre, louent des voitures pareilles aux nôtres, qui sont assez bien suspendues, & passablement propres; mais tirées si nonchalemment par les mules, qu'un homme accoutumé, comme je l'étois, aux chaises de poste, & aux diligences d'Angleterre, a tout le tems d'exercer sa patience.

Pendant les deux premiers milles, je trouvai le pays tout couvert de vignes des deux côtés du grand chemin. Ensuite la scene changea, j'avoue que ce ne fut pas en mieux, & je commençai à découvrir un pays qui me rappella la description que *Lucain* nous a laissée du voyage de *Caton* à *Utique* au travers des sables *d'Afrique*. A dire le vrai je ne vis point en avançant les différentes especes de serpent dont il parle; mais à tout autre égard les vers de Lucain conviendroient tout aussi bien à la route que j'ai faite aujourd'hui à travers d'une large plaine, de sables pénibles & profonds, interrompue en quelques endroits par des haliers, & par des petits bosquets de sapins.

Un peu après midi, nous sommes arrivés à l'hôtellerie de Péagones, dont je viens de faire mention, distante de quinze milles *d'Aldeagallega*. Les Portugais ont grande raison de donner à leurs Auberges le nom *d'Estallages*, c'est-à-dire *d'Etables*. Il s'y trouve assez de place pour les mules, les ânes, & les autres quadrupèdes; mais il n'y en a point pour loger des bipedes de mon espece.

On dit que Péagones étoit autrefois une ville considérable, je n'ai nulle peine à le croire : mais il y a bien des années que le tems l'a détruite, & ne lui a laissé que son nom, & deux méchans bâtimens, auxquels on ne sauroit trop donner le nom de maisons, ne ressemblant en rien à ceux que l'on désigne ainsi dans d'autres pays, il ne leur reste quasi aucune couverture; ils n'ont que des murs de brique pleins de trous assez larges pour donner liberté de s'y introduire.

Dans celui où nous nous arrêtâmes, une façon d'hôtesse nous servit un plat de pois, & un peu de morue pour notre diné. Les pois me parurent assaisonnés avec de l'huile rence, & je crois que la morue n'avoit été salée que lorsqu'elle étoit déja pourrie. Quelle odeur! Elle auroit empoisonné le cheval de Troye! Cependant *Yago* & *Don Manuel* donnèrent goulument sur ces deux mets, tandis que Baptiste, le moine & moi tirâmes parti des provisions de Madame *Kelly*. Nous ne manquâmes pas non plus de désert; car tandis que j'étois emporté par la *jeune mule*, mes deux Convives s'étoient arrêtés près des vignes, & avoient rempli un panier d'excellents raisins.

Nous nous sommes reposés deux bonnes heures à *Péagones*; nous avons ensuite fait encore douze à treize milles (toujours à travers le désert sablonneux comme autant de Catons) & nous sommes arrivés à *Vientas nuevas* où nous comptons passer la nuit.

Pendant toute l'après dinée nous n'avons rencontré aucune créature vivante, à l'exception d'un vol peu considérable d'oifeaux, d'une demie douzaine de moutons, avec un bouc, & deux hommes suivant trois malheureux ânes pesamment chargés. Quand aux rivieres, aux étangs, aux sources, ou à toute autre espece d'eaux, on n'en découvre nuls vestiges depuis *Aldeagallega* de quelque côté qu'on jette les yeux. Agréable façon de voyager! l'on n'entend que le chant triste & éternel des *Caleisseiros*, accompagné du son éternel des sonnettes des mules, avec un éternel soleil renvoyant une chaleur insupportable des sables éternels qui composent une solitude éternelle. Ce qui augmente encore les agrémens d'un pareil voyage, ce sont ces charmantes hôtelleries ou l'on s'arrête pour diner à midi, & pour coucher le soir.

Je ne saurois précisément vous dire le temps que j'ai à jouir de ces délices, n'ayant encore jamais fait cette route. Mais ce que je sais bien, c'est que je me suis abandonné trop facilement à l'esprit de curiosité qui m'a entrainé en Portugal. Cependant il faut continuer sans humeur. Il ne faut que de la patience, le temps met fin aux plus grandes miseres. Tot ou tard nous mettrons au feu le sac de paille, & le temps viendra ou je serai charmé de pouvoir raconter mon voyage dans la province d'*allemtejo* si je me chagrine à présent, je me blâmerai alors de m'être chagriné.

Tout près du malheureux village de *Vientas nuevas*, se trouve une maison de plaisance royale qu'on dit avoir été bâtie par Philippe III Roi d'Espagne, du temps que le Portugal appartenoit à cette Couronne. C'est l'un des plus longs édifices que j'aie jamais vu; mais il n'y que cette longueur de remarquable. Les fenêtres sur le derriere ont une vue fort étendue sur des plaines sablonneuses & sur des roches nues. Le Roi de Portugal ne l'habite jamais, il a d'autres maisons de campagne mieux situées, & plus belles. Le Dominicain m'assura qu'à environ vingt lieues par-delà, Sa Majesté avoit une autre habitation champêtre nommée *Villa Vijoza*, qui mérite d'être visitée; mais pour m'y rendre il me faudroit séjourner un jour de plus en Portugal, ce que je n'ai nulle envie de faire. Je suis déjà dégouté de mon voyage à travers cette triste région quoi qu'à peine commencé.

Aux différentes hôtelleries où je me suis arrêté; c'est-à-dire à *Cabeza*, *Mafra*, *Cintra*, *Péagones*, & ici, vous ne sauriez vous imaginer combien les mendiantes vous abordent d'un air gracieux; vous disant qu'elles esperent que votre voyage à été heureux, souhaitant que vous viviez mille ans, & finissent par vous prier de leur donner de quoi acheter *Alfileres*, c'est-à-dire des épingles. Si vous leur accordez leur première demande, elles en ont sur le champ une seconde toute prête. Qu'il plaise à votre *Seigneurie* ou à *Votre Merci* de me donner quelque chose pour mon petit enfant qui est au logis. Eh bien, voici pour votre enfant: Je vous prie, mon bon Monsieur, donnez-moi quelque chose pour ma chere mere, pour ma sœur cadette, pour ma cousine, pour ma niece. Leurs airs coquets & languissans ainsi que leurs demandes n'ont jamais de fin, surtout lorsque ces Mendiantes sont encore jeunes & passablement jolies. Une de ces dernieres, à *Plagones*, entra pendant que je dinois, elle commença suivant l'usage à me demander de quoi acheter des épingles, ensuite un pain, après cela un morceau de pâté, une aile de volaille, un morceau de fromage, & enfin une grape de raisins; ayant satisfait à toutes ses demandes, elle s'assit sur le plancher à mes côtés & mangea avec appétit; ayant fini son repas, elle renouvella l'attaque, & souriant agréablement, elle me demanda encore un peu d'argent. Eh bien tenez, gentille *Senhora*, êtes vous contente à présent? Oh *Senhor*, *vossa messe he tam quendo*. (Monsieur vous êtes si almable) que j'espere que vous ne me refuserez pas cette petite malle pour serrer mes hardes. Impudence incomparable! une malle neuve couverte de cuir de Russie! Mais donnez moi cet éventail. Le temps, Monsieur, est si chaud! pour cette même raison n'aurois-je pas tort de m'en défaire? mais revenez l'hyver prochain, chere Demoiselle, & je vous le donnerai. Je crois réellement que si j'avois eu la foiblesse de lui donner l'un de mes deux yeux elle m'auroit demandé l'autre.

Ceci vous donne un exemple de la modération des femmes Portugaises. Quand aux cabaretiers, voituriers, & généralement tous les gens du bas étage, ils ne vous parlent jamais que le chapeau à la main; mais toujours avec un air gracieux & familier, & ils ne paroissent jamais honteux ou timides. J'envoyai une fois pendant mon séjour à Lisbonne chercher un Barbier; le drôle entra en souriant d'une maniere qui ne déparoit pas point ses joues grasses & vermeilles, Monsieur, me dit-il, je vous félicite de votre heureuse arrivée en Portugal, tout en plaçant le linge à barbe sous mon menton. Ensuite il me demanda la permission de prendre une prise de Tabac dans ma tabatiere. Tout en me rasant il m'instruisit de plusieurs choses qu'il pensoit que j'ignorois; comme par exemple, que la chaleur étoit très-grande en Portugal, qu'il y croissoit des figues & des raisins en abondance; qu'il s'y trouvoit aussi quantité de poisson à cause du voisinage de la mer. Il me dit, qu'il tiroit toujours ses rasoirs de Barcelonne, parce que ceux qui se fabriquoient en Portugal ne valoient rien. Lorsqu'il eut fini de raser d'un côté il s'arrêta, & me demanda ce que je pensois de ses compatriotes; & sur ma réponse qui étoit que je ne les connoissois pas encore ne faisant que d'arriver, il saisit cette occasion pour m'apprendre que *os portuguezes são muy valerosos* (3), & brandissant son rasoir de Barcelonne, il ajouta d'un ton élevé que les Espagnols trembloient en entendant nommer un Portugais, & qu'un seul suffisoit pour mettre en fuite une demie-douzaine d'Espagnols: il n'avoit pas encore fini de me raser qu'il avoit déja subjugué les deux Castilles. On m'a assuré que le nombre de ces rodomonts en Portugal surpassoit celui des gens oisifs, ce qui est beaucoup dire.

Les nations voisines ont généralement parlant une forte antipathie les unes contre les autres: mais celle des Portugais pour

_____
(3) Les Portugais sont très-courageux.

les Espagnols. (Je parle du peuple) est poussée si loin qu'elle approche de l'extravagance. La raison en est claire. L'espérance que les Portugais pourroient avoir de conquérir l'Espagne est sans aucun fondement & l'on hait toujours ceux auxquels on est quelquefois obligé de faire la guerre & qu'on est sûr de ne jamais vaincre. Tandis que si les autres Puissances Européennes vouloient laisser les mains libres aux Espagnols, ils s'empareroient du Portugal dès qu'ils en auroient envie; c'est selon moi la cause pour laquelle ils ont un si grand mépris pour les Portugais, au point qu'il est passé en Proverbe de dire en parlant de cette nation qu'ils sont peu, & foux. *Portuguezes pocos y focos.* Que ceux qui les connoissent mieux que moi décident si ce proverbe est juste.

Si j'en dois croire *Yago* il ne manque pas de voleurs dans ce pays. Comme je voulois entrer ce matin dans ma chaise, je lui ai demandé pourquoi il n'avoit pas descendu le marche-pied afin que je pusse monter plus facilement *En esta tierra fur an todo* (4) & que l'on avoit volé son marchepied. *Avis au Lecteur* dis-je en moi-même, Ecoutez Baptiste; faites attention à

_____
(4) Dans ce pays on vole tout.

ce que dit *l'ago*, & ayez bien soin de notre bagage, du moins jusqu'à ce que nous soyions hors de *esta tierra*.

LETTRE XXXIV.

Aventure dans un Desert. Noms des grandes Villes. Inutilité des menteries. Honnête Curé. Bât rembouré de manière à inviter à dormir.

Arrayolos, 19 Septembre 1760.

JE crois que le Portugal a de très belles parties; mais on auroit tort de ranger dans cette classe aucune des terres que j'ai traversées dans la journée d'hier & d'aujourd'hui dans les quarante milles que j'ai faits & qui ne sont à proprement parler qu'un désert continuel.

Cependant, il m'est arrivé ce matin dans ce désert une aventure amoureuse comparable à toutes celles d'*Amadis de Gaule*, ou aux prouesses d'*Esplandian*: j'ai été sur le point d'avoir à combattre deux Chevaliers pour les intérêts d'une Dame.

A peine avois-je levé mes membres fatigués de dessus le sac de paille, qu'une fem-

femme passablement mal-propre (nous la nommerons pour rendre l'aventure romanesque une belle Dame) est entrée dans ma chambre sans s'être faite annoncer. Je l'ai d'abord reconnue pour celle qui à force d'importunités m'avoit tiré quelqu'argent; c'est-à-dire une piece pour elle-même, une pour sa petite fille, une autre pour son petit garçon, & une troisieme pour un autre enfant.

En la voyant entrer, j'ai d'abord deviné ce qu'elle vouloit, & élévant subitement la voix avec colere. *Teneos*, dis-je *otros machachos y mu chachas, cara de puta?* C'est-à-dire, auriez-vous d'autres garçons & d'autres filles, face de p....?

Je souhaiterois n'avoir jamais prononcé le *cara de puta*; la femme (je veux dire la belle Dame) oubliant ingratement mes politesses, & mes libéralités de hier au soir, & craignant peut-être autant que ses supérieures la vérité, s'est mise à crier de toutes ses forces; deux coquins à pieds nuds, attirés par ses cris sont montés dans ma chambre (nous leur donnerons le titre de Chevaliers) & ayant sçu par elle que je l'avois appellée *cara de puta*, ils m'ont fixé d'un air si sévere, & ont commencé leur discours d'un si haut ton, qu'ils m'ont obligé

Tome II. B

à tirer de ma poche un pistolet, & à l'armer.

Cette réception inattendue, & le peu de paroles que j'ai prononcées d'un ton pour le moins aussi haut que le leur, a inspiré une telle terreur aux deux héros, qu'ils sont sortis en fuyant de la chambre, & se sont précipités, avec la femme, du haut en bas de l'escalier. Baptiste n'a pas tardé à me joindre, & brandissant son couteau de chasse brillant, m'a facilité le moyen de descendre, non dans l'intention de poursuivre mes deux Antagonistes; mais pour sauter dans ma chaise; & avant qu'eux ou l'héroïne eussent le temps de revenir de leur effroi, & de reprendre courage, les mules s'étoient éloignées au trot d'une demie lieue de *Vientas nuevas* : telle a été la fin de cette effrayante aventure.

Nous avons dîné dans une ville nommée *Montemor*, où le Dominicain nous a quittés pour prendre une autre route. Nous nous sommes séparés très-bons amis, il n'avoit pas été fâché de prendre sa part de mes provisions, & je lui étois obligé d'avoir bien voulu s'arrêter quelque temps après mon départ de *Vientas nuevas* pour appaiser la femme, & empêcher les braves de suivre ma chaise: nous avons passé la nuit ici à *Arrayolos*. Quels beaux noms sonores on rencontre dans ce Portugal! *Arrayolos*, *Péagones*, *Vientas nuevas*, *Aldeagalléga!* ne croiroit-on pas que ce seroit les noms de villes considérables? Nous avons trouvé à cet *Arrayolos* une si perfide hôtellerie, que j'en ai été tout contrit. J'ai envoyé Baptiste pour essayer s'il pourroit engager le supérieur d'un couvent voisin de nous donner un logement pour cette nuit, offrant de faire dire quelques messes pour les pauvres âmes du purgatoire. Mais l'impitoyable moine n'a pas voulu recevoir un hérétique sous son toit. Ce fou de Baptiste, pour me donner un air d'importance, lui avoit dit que j'étois un *fidalgo* (5) Anglois, & la considération qu'il voulut me procurer par cette menterie me fit passer pour hérétique: je n'ai jamais vu qu'une menterie profitât à personne; cependant les domestiques & le peuple ne veulent point convenir de leur inutilité: j'ai envoyé pareillement chez le Curé, qui loin d'être aussi barbare, & aussi dur que le moine, n'a point redouté de s'exposer à la pluie qui tomboit en abondance pour venir me trouver, seulement pour m'assurer qu'il n'avoit d'autre lit

(5) Gentilhomme.

que le fien. N'étant pas encore fatisfait de ce qu'il avoit fait pour moi, il eft forti avec Baptifte pour lui indiquer une feconde hôtellerie qui avoit un plancher & un toit: j'y ai fait tranfporter fur le champ mon bagage, après une courte mais vive altercation avec le premier aubergifte; qui a regardé comme un affront fanglant ma fortie de fa maifon, pour aller dans une autre chercher un toit qui me garantît de la pluie pendant mon fommeil: n'y couchoit-il pas lui-même ainfi que fa femme & fes enfans? fûrement ils étoient auffi bons Chrétiens qu'aucun étranger!

Après foupé je me fuis mis à écrire, c'eft ainfi que je cherche à diffiper tous les foirs cette humeur noire qui finiroit par me tourner la cervelle à force de penfer à la fottife que j'ai faite en prenant le parti de venir vifiter ces affreux *Arrayolos* & *Montemor*, ces *Péagones* & *Aldeagallega*.

De *Vientas nuevas* jufqu'ici le pays n'eft pas auffi uni que depuis *Aldeagallega* jufqu'à *Vientas nuevas*. A quelque diftance du grand chemin on apperçoit des deux côtés quelques côteaux avec un petit nombre d'arbres. Toutes les maifons de *Montemor* font blanchies en dehors; ce qui donne un air de propreté à cette ville: mais parce que j'ai pu voir en la parcourant fort à la hâte, pendant qu'on préparoit le dîné, je ne remarquai aucun de ses habitans dont l'extérieur annonçât l'opulence.

Le tremblement de terre a causé peu ou point de dommage à *Montemor*, ce qui n'est pas étonnant, cette ville étant bâtie dans le goût Chinois : c'est-à-dire que la meilleure partie des maisons n'ont qu'un rez de chaussée. La pluie ne m'a pas permis de voir *Arrayolos*. Si je peux m'y promener demain je vous le dirai le soir.

Postscript, à quatre heures du matin. 20 *Septembre* 1760.

Je me suis cru fort heureux hier au soir, lorsque par le moyen de l'honnête Curé j'ai eu connoissance de cette hôtellerie ; & je me suis trouvé bien soulagé en entrant dans cette chambre, de voir dans un coin une pile de matelats qui avoient une assez bonne apparence. Baptiste, dis-je, ne remplissez pas le sac de paille ce soir ; mais composez moi un lit d'une demie douzaine de ces matelats : faites attention, m'a-t-il répondu que chacun de ces matelats est considéré ici comme un *Cama* ou lit, & vous paierez pour ceux dont vous ferez usage comme pour autant de lits. Qu'importe, dis-je, cet usage est singulier; néanmoins faites ce que je vous dis ; lorsqu'il a été temps de se coucher je me suis déshabillé avec autant de précipitation que *Roger* au moment qu'il descendit de dessus *l'hippogriphe* avec la belle *Reyne de Catai*. Mais hélas! les matelats qui en d'autres pays sont rembourrés de crin, sont ici rembourrés avec une espece de bourre dont on se sert pour les bâts, aussi dure que la pierre. Jamais anachorette ne coucha dans les déserts de la Thébaïde sur de pareils lits.

LETTRE XXXVI.

Point Botaniste. Masques & leurs différens propos. Portraits à la plume. Danse agréable. Proclamation.

Estremor. 20 *Septembre* 1760.

LA femme du voleur ne rit pas toujours, dit le proverbe, & celui qui voyage en Portugal ne pleure pas toujours. J'ai ce soir quelque chose de plaisant à vous raconter, après avoir souffert jusqu'ici tant de maux. Mais pour procéder méthodiquement, il faut commencer mon histoire du moment où je suis parti ce matin.

En traversant *Arrayolos* j'ai remarqué un vieux Château dont les crenaux tomboient en ruine.

Les côteaux qui entourent *Arrayolos*, présentent à un certain éloignement une vue agréable, dans tout le chemin jusqu'à *Vienta do Duque* (Hôtellerie du Duc) on voit plusieurs chênes verds répandus çà & là, & même quelques oliviers au bas de ces côteaux. A dix heures nous sommes arrivés à *Vienta do Duque*, *Vienta* en Portugais (comme *Venta* en Espagnol) signifie *une habitation isolée au milieu de la Campagne, où l'on reçoit les Voyageurs*. Je pense que celle qu'on appelle *do Duque* est souvent le domicile de la famine, & de la misère.

Je ne saurois m'imaginer pourquoi un pareil logement est honoré du nom de *Vienta do Duque*. Peut-être servoit-il autrefois de retraite au Duc *Gano*, le fameux traître qui vivoit du tems de *Charlemagne* (si l'on en croit *Pulci*, *Boiardo*, & *Arioste*) & qui étoit du parti des Rois d'Espagne & de Portugal, qui étoient alors Mahométans, contre son légitime souverain qui étoit Chrétien.

Nous avons mis pied à terre à cette

Vienta pour manger un peu de nos provisions, pour lesqu'elles nous avons payé (suivant l'usage du pays) à l'aubergiste tout autant que s'il nous les avoit fournies. Après dîné, sans attendre les *Caléisseiros*, qui n'avoient pas encore fini de ronger les os d'un lapin maigre ; j'ai pris les devants en me promenant, & quoique je marchasse doucement j'avois déja fait deux lieues avant que les mules pussent m'atteindre. Le soleil étoit très-chaud, & m'auroit brûlé tout vivant; sans un vent frais qui modéroit son ardeur : en marchant par des sentiers j'ai remarqué plusieurs plantes qui autant que je peux m'en souvenir ne croissent ni en Angleterre, ni peut-être en Italie. Je n'oserois pourtant l'assurer. Parmi nombre d'autres j'y distinguai une espece de romarin à petites feuilles, fort abondant, dont l'odeur est très-agréable, & une espece d'herbe puante qui est aussi visqueuse qu'une guenille trempée dans du goudron. Quel dommage pour un voyageur fantassin de n'être pas botaniste ! Si Signor *Allione* de Turin, & le Docteur *Marsili* de Padoue, avoient connoissance de mon voyage, ils envieroient le bonheur que j'ai de roder dans le désert voisin de *Vienta do Duque*. Il fut un temps, où j'avois coutume en Angleterre de me promener

ner dans le jardin de *Chelféa* avec le Docteur *Marfili*, je lui demandois souvent les noms de telle & telle plante; & je les oubliois à mesure qu'il me les disoit, ayant malheureusement négligé dans ma jeunesse d'accoutumer mon esprit à cette espece de réminiscence. De sorte qu'il m'est impossible de citer ici le nom de cette plante visqueuse & puante; que l'on m'a dit ensuite être employée par les tanneurs en guise d'écorces.

Du sommet de chaque Côteau que j'ai grimpé l'un après l'autre, j'ai apperçu imparfaitement quelque chose sur une hauteur un peu éloignée qui avoit l'air d'un amas de bâtimens; à mesure que je m'avançois j'ai redoublé d'attention, à la fin j'ai reconnu que c'étoit une ville fortifiée. Pour quelqu'un qui a voyagé pendant trois grandes journées à travers un pays aussi désert que celui-ci, qui n'a vu d'autres lieux que *Péagones* ou *Vienta do Duque* & n'a rencontré dans toute sa route que deux ou trois anes, des boucs, & des hirondelles, vous ne sauriez vous imaginer combien la vue d'une ville est réjouissante.

Environ sur les quatre heures nous nous sommes trouvés à la porte d'*Estremor* (tel est le nom de cette ville fortifiée) où un petit officier s'avançant fierement à côté de la chaise, m'a demandé d'un ton absolu. O *passeporte?* il est heureux pour moi que l'ambassadeur Anglois ait eu la complaisance de m'en procurer un de la part de *Don Louis da Cunha*, sans quoi le petit officier m'auroit envoyé en prison: on ne peut pas aller de Lisbonne dans une des campagnes les plus voisines sans être muni d'un passeport signé de ce secrétaire d'Etat, à moins qu'on ne veuille courir risque d'être emprisonné. *Todas as pessoas que quizerem sahir da corte e cidade, de Lisboa, seraon obrigadas a tirar passaportes:* Porte un édit publié dans ce Royaume le 19 du mois d'Août passé; c'est-à-dire, *toutes personnes qui voudront sortir de la Cour, & ville de Lisbonne seront tenues à se munir de passeports.* Telle est la défiance du ministere, & telles sont les suites de l'affreux attentat du malheureux *Aveïro.*

En entrant dans cette ville d'*Estremor*, j'ai apperçu une centaine de masques, dont un groupe a environné ma chaise criant, rugissant, & faisant des gambades. Ils m'ont dit bien des choses en contre-faisant la voix, que je ne pas comprises; je m'imagine de bonne-foi qu'elles sont spirituelles. Le bruit a attiré les Dames à leurs fenêtres; & j'ai été enchanté de les voir rire avec autant de plaisir que les hommes qui étoient dans les rues. Je les ai considérées à travers ma lorgnette, & elles n'ont point parues choquées de ma maniere de les regarder. Nos Dames Italiennes ont tort de cacher d'un air fâché leurs visages lorsqu'on les lorgne; comme si les yeux de celui qui les regarde étoient autant à craindre que ceux du Basilic. Ce n'est pas ma faute si j'ai la vue basse, & je ne conçois pas pourquoi il doit m'être plutôt défendu d'envisager les belles qu'à ceux qui ont de bons yeux.

Les Dames à leurs fenêtres, & les masques dans les rues, ont ri tout à leur aise, & j'ai ri avec eux par compagnie. Arrivé à *l'Estallage* on m'a fait monter dans une chambre, dont le plancher étoit en si mauvais état, qu'il m'a été facile de voir ceux qui étoient au dessous à travers de plusieurs fentes; les fenêtres avoient suivant l'usage des volets en guise de vitres. J'ai jeté les yeux sur la place qui étoit devant *l'Estallage*, j'y ai vu grand nombre de masques. L'un d'eux étoit déguisé en ours, un autre en singe, l'un portoit des cornes sur la tête, l'autre avoit une queue attachée au derriere. L'un avoit lié son manteau autour de la ceinture en manière de jupe, & un autre portoit des bas de différentes couleurs. Quelques uns portoient la fraise (*Golilla*) à la maniere Espagnole, quelques autres de larges culottes à la Suisse. Les uns jouoient des castagnettes, & d'autres de la guitarre. Plusieurs se tenoient baissés, arrangés sur une ligne, pour laisser à d'autres la liberté de sauter par dessus eux; & plusieurs couroient tout autour de la place en se démenant comme des foux. Deux d'entr'eux se sont placés sous ma fénêtre, & se sont élevés sur leurs échasses auxquelles ils avoient attaché des perroquets de bois, mal taillés, & mal peints: après quoi riant de toutes leurs forces, ils m'ont crié Monsu, Monsu! j'ignore ce que leurs perroquets, ou leurs cris pouvoient signifier. Mais je m'imagine que c'est une de leurs façons spirituelles de se moquer des François. Vraisemblablement ils m'ont pris pour être de cette nation: plusieurs se sont efforcés de se faire admirer en me tirant leur chapeau & se baissant jusqu'à terre par dérision. Pour tout dire en un mot ils se sont beaucoup réjouis aux dépens de l'étranger.

Baptiste est revenu avec mon passeport de chez le Gouverneur, qu'on lui avoit ordonné à la porte d'aller lui porter. Une façon de Gentilhomme l'a accompagné, envoyé par *son Excellence* pour prendre mon signalement. Le gentilhomme s'est assis à une table, a tiré un morceau de papier, & un écritoire de sa poche, & m'ordonnant de me tenir debout devant lui, il m'a fixé plusieurs fois. Je m'imagine qu'il a pris note de ce qui lui a paru le plus remarquable dans ma personne; il a fait mention de mon air tout simple, de la couleur de mes cheveux, de la petitesse de mes yeux, de la forme de mon nez, de ma hauteur &c. Il a fait la même cérémonie avec Baptiste; ensuite il s'est retiré gravement après m'avoir remis une permission pour pouvoir sortir avec mes gens demain de l'Estramadoure. En Angleterre cette police vétilleuse est inconnue, elle n'en est pas pour cela moins bien gouvernée.

Tout étranger est obligé de se soumettre à ces usages. Il existe une loi très-rigide, publiée à Lisbonne le 26 du mois de Juin passé, qui enjoint à chaque maître ou capitaine de vaisseau de ne débarquer personne en Portugal avant que d'en avoir prévenu un Magistrat nouvellement établi nommé *o Indepdente général da policiada corte e do Reino* (l'Intendant Général de la police de la Cour & du Royaume.) de la qualité & de la profession de ceux qu'il se propose de mettre à terre. S'il négligeoit cette formalité, il courroit risque d'avoir son bâtiment confisqué, & s'exposeroit encore à la peine qu'il plairoit à cet Intendant général de lui infliger. Le Capitaine Baron me débarqua sans se conformer à cette ordonnance, & personne ne nous dit rien ni à l'un ni à l'autre; peut-être parce que les paquebots Anglois passent pour vaisseaux de guerre, & que leurs Capitaines sont regardés comme privilégiés, & n'étant tenus d'obéir qu'aux loix de leur propre pays. Si j'avois cependant eu quelque connoissance de cette ordonnance je n'aurois pas manqué d'aller prévenir ce *senhor Intendante Général* de mon arrivée, afin d'éviter toute espece d'embarras. Les étrangers qui entrent dans ce Royaume par terre, sont par cette même ordonnance soumis à plusieurs formalités assez pénibles. Mais ce Gouvernement, ainsi que tous les autres, a le droit d'établir les loix qu'il juge à propos, & il est beaucoup plus convenable à un Voyageur de s'y conformer que de les critiquer.

Lorsque le gentilhomme qui m'avoit dessiné à la plume se fut retiré. Je me suis un peu ajusté & j'ai été voir la ville. Toutes les maisons en sont petites & basses, & toutes blanches en dehors comme celles de Montemor. J'ai rencontré des masques à chaque pas; aucun ne m'a laissé passer sans me faire un profond salut par dérision, un certain nombre de ces masques se sont arrêtés dans une rue ou quelques Dames étoient assises sur un balcon; & se sont mis à danser. Un jeune drôle de cette compagnie a attiré toute mon attention, & même celle de toute l'assistance par ses sauts légers, & par ses mouvemens agréables. J'ai déjà vu danser les Portugais à *Lisbonne*, & pour leur rendre ce qui leur est dû, aucune nation (au moins celles qui me sont connues) n'a de danse exécutée par deux personnes, aussi amusante & aussi gaie que leur *Fandango*. La *Trescone* des Toscans, la *Furlane* des Vénitiens, la *courante* des peuples du Montferrat, & le *menuet* ou *l'aimable* des François, sont des danses insipides comparées à cette danse galante que j'ai vu danser devant ce balcon par un jeune homme, & par un petit garçon déguisé en femme; les mots ne sauroient décrire les danses, & je ne saurois vous faire concevoir la moindre idée du *Fandango*, tout ce que je peux vous en dire c'est que chaque membre étoit dans un tel mouvement qu'on pouvoit dire avec vérité, que le tout formoit, *une convulsion réguliere & harmonieuse du corps entier*. J'ai oui un Maître à danser François à Lisbonne en dire beaucoup de mal, & assurer qu'elle n'étoit pas digne de porter le nom de danse ; mais quel est le François qui en approuvera jamais d'autres que celles qui ont été inventées dans sa patrie ? Il ne reconnoit pour gracieuses que celles qui se dansent sur le Théâtre de l'opéra de *Paris*.

Les habitans de ce pays ainsi que les *Andalous* & les *Grenadins* étoient célébres par leurs danses déjà du temps des Romains, leurs jeunes femmes étoient alors dans l'usage d'aller danser à Rome, & dans les Provinces de l'Empire Romain, où elles captivoient aisément le cœur des Consuls & des Proconsuls, de même que les danseuses Françoises vont actuellement en Italie, en Allemagne & en Angleterre pour inspirer de l'amour aux *Signori*, aux *Mynheer* & aux *Milords*. *Martial* parle d'un ton satyrique & chagrin des danseuses de la *Bétique*, (6) & *Gadiennes*. (7)

(6) Provinces sur les rives du Guadaquivir.

(7) De *Gadès* ; Isle, & ville d'Espagne auprès du détroit qui en prenoit le nom, aujourd'hui *Cadix*.

Scaliger l'ancien parle auſſi, je ne ſais en quel endroit de ſa poëtique, des danſes qui étoient en vogue dans les provinces ſituées dans ces environs. Vous êtes heureux, mes freres, que je voyage ſans un *Martial* ou ſans un *Scaliger*. Si j'avois leurs ouvrages, je ne laiſſerois point échapper cette occaſion & imitant nôtre Bartolis l'antiquaire, je ferois comme lui un grand étalage d'érudition.

La danſe étant finie, & les maſques s'étant diſperſés, j'ai été viſiter les deux principaux couvents de la Ville; mais je n'ai rien vu dans l'un ni dans l'autre qui mérite la moindre attention. Seulement de quelques fenêtres de celui des Auguſtins on a la vuë de pluſieurs côteaux agréablement plantés d'arbres: l'un des moines la nomma la *plus belle vue du monde*.

En retournant au logis, j'ai rencontré une autre compagnie de maſques; j'ai reconnu, au premier abord qu'elle étoit compoſée de militaires. Les Soldats de la garniſon s'étoient déguiſés le mieux qu'ils avoient pu avec des mouchoirs, des ſerviettes, & des manteaux. Pluſieurs avoient garni leurs chapeaux d'une quantité de plumes de coqs. L'homme de guerre perçoit cependant au travers de ce déguiſement.

Leurs fifres & leurs tambours faisoient un bruit horrible avec leurs instruments.

Au moment que toute la mascarade est arrivée sur la place, l'un d'eux (que je m'imaginai être un caporal ou un sergent) a commandé halte, & silence, ensuite il a lu à haute voix une proclamation, qui enjoignoit aux habitans d'*Estremor* de se masquer, & de se divertir pendant toute une semaine à l'honneur de la *Princesse du Brésil* qui avoit épousé depuis environ deux mois son oncle *Don Pedro*.

Je n'ai pas pu bien comprendre tout le contenu de cette proclamation, dans laquelle le Roi, la Reine, la Princesse & Dom Pedro étoient plusieurs fois nommés, de compagnie avec la bienheureuse Vierge, St. Antoine, St. François, les moines, les nones, la paix & la liberté du Royaume, les masques, & les danses, & je ne sais combien d'autres choses.

A la fin la nuit est venuë, & j'ai été me mettre à table où l'on ma servi un superbe soupé que Baptiste avoit fait préparer, pour se refaire du mauvais diné que nous avions fait à la *Vienta do Duque*.

Je vais à présent étendre mes membres sur le sac de paille ; mais comme j'ai vu une joyeuse mascarade, je suis de bonne humeur. J'aurois voulu savoir pourquoi ces réjouissances ont été retardées si long-temps après le mariage, personne n'a pu me le dire.

Après bien des réflexions je me suis enfin décidé à aller demain à *Villa-Vizosa*. Cette course me retiendra un jour de plus en Portugal; un jour est bientôt passé? Il est conséquemment vraisemblable que ma lettre de demain sera fort longue. Vous n'êtes pourtant pas obligés de me remercier de sa longueur. Car j'écris plutôt pour éluder l'effet désagréable que mon désagréable Voyage pourroit produire sur mon esprit, que dans la vue d'instruire ou d'amuser. C'est à cette nécessité que vous devrez le récit de mille bagatelles, & mille remarques, que je laisse échapper de ma plume, quoique très-convaincu de leur peu d'importance.

LETTRE XXXVII.

Usage Militaire. Moustaches. Palais. Nul Voyageur attendu : Etable à cochon. Danse charmante, & yeux charmants.

Elvas; 22 Septembre 1760. au matin.

Les efforts que j'ai faits pour me procurer une copie de la proclamation qui a été lue l'autre jour à *Estremor* ont été inutiles, & il faut que vous vous passiez de la traduction, que je comptois vous en donner pour servir d'échantillon de l'éloquence *Lusitaine*, s'il m'avoit été possible de me procurer l'original. J'ai offert une piece d'argent assez honnête à un pauvre soldat, à condition qu'il se la feroit donner par son Caporal. Mais que peut-on faire quand on n'a point de temps à perdre ?

Hier matin à cinq heures j'ai été réveillé par les tambours & par les fifres de cette garnison, qui sont venus me souhaiter un bon voyage, ils ont accompagné ce compliment d'une marche bruyante, le tout pour m'obliger à leur donner quelque argent pour boire ; cette coutume a été introduite ici par l'indigence militaire, qui perce de tous côtés à travers les habits déguenillés de ces malheureux fantaſſins. Réellement les pauvres gens n'ont pas le moindre vêtement ſur eux qu'on puiſſe appeller bon, à l'exception de leurs mouſtaches. S'ils étoient mieux tenus ces épouvantails barbus & friſés produiroient un bel effet. Il étoit une fois d'uſage pour les ſoldats de toutes les nations de porter cet ornement viril, j'ignore pourquoi on y a renoncé; car une paire de mouſtaches épaiſſes donne à un enfant de Mars une figure très-Martiale.

On m'a dit que les troupes entretenues dans ce Royaume, ne ſe montent qu'à huit mille hommes, & ſi les ſoldats reſſemblent tous à ceux que j'ai vus à *Eſtremor*, & à *Lisbonne*, on ne ſauroit trouver nulle part en Europe, un auſſi grand nombre de gens qui aient l'air ſi miſérables. (8) La majeure partie ſont en guenilles, ou avec des pieces: à *Lisbonne* pluſieurs me demanderent l'aumône non ſeulement dans les ruës,

___

(8) L'on m'a aſſuré depuis peu que les Troupes effectives du Portugal ſe montoient actuellement à vingt mille hommes. Tous gens choiſis, bien vêtus, & tout auſſi bien diſciplinés que les Pruſſiens mêmes. La derniere guerre qu'on ne prévoyoit pas a obligé le Miniſtere Portugais à lever & à entretenir une armée ſi nombreuſe.

mais même étant en faction; leurs officiers ne faisoient pas non plus une trop belle figure, lorsque je les vis de service devant l'édifice de bois. (9)

(9) Dans une réponse assez vive faite par le Roi de Portugal le 5 Avril 1762. à un Mémoire présenté par les Ambassadeurs d'Espagne on trouve le paragraphe suivant.
„ Foi precizamente necessario preservar sua Majestade,
„ fidelissima o seu real decoro contra os clamores dos seus
„ Vasallos, e contra as criticas que em toda a Europa re-
„ dundavam, até en cherem as mesmas novas publicas,
„ sabendo todo o mundo, que em Portugal *nao havia ge-*
„ *nerais, nem officiaes, que tivessem expriencia das campanhas,*
„ mandou convidar para o seu servico o Lord Tyranli;
„ assim com se praticou sempre neste Reino, & se prati-
„ cou agora a respeitide outros nacoens da Europa, para
„ disciplinarem as tropas Portuguezas".
Ce qui traduit en François signifie. Il convenoit à S. M. très fidele de prendre soin de son honneur, & de le défendre contre les plaintes de ses sujets, & contre les censures qui retentissoient de tous les coins de l'Europe, & qui se trouvoient même consignées dans des gazettes; où l'on disoit qu'il étoit notoire à tout le monde *qu'il n'y avoit en Portugal n'y Généraux, ni Officiers expérimentés,* qu'en conséquence S. M. avoit invité le Lord Tyranli (c'est ainsi que ce nom est orthographié) de passer à son service
„ & qu'on en avoit agi de même à l'égard d'autres Offi-
„ ciers, qui n'étoient pas tous Anglois; mais de différen-
„ tes Nations d'Europe, pour discipliner les Troupes Por-
„ tugaises, ainsi que cela s'est toujours pratiqué, & se
„ pratique encore dans ce Royaume. *Cette confession in-génue fait selon moi grand honneur au Ministere Portugais,*

quoiqu'ils tachaffent de fe donner un air martial. Quand aux Généraux on affure qu'aucun n'a la moindre réputation, encore moins d'expérience. Il n'eft pas étonnant que le Miniftere néglige à ce point la partie des troupes; ce pays eft fitué de maniere à être pour ainfi dire prefque entierement à l'abri de la guerre, pourvu qu'il s'entretienne en bonne intelligence avec l'Espagne; & l'Efpagne poffede de fi vaftes domaines quelle n'a guere le temps de penfer à celui-ci. L'on dit que la marine Portugaife eft fur un bien meilleur pied, quelle a de bons matelots, & d'excellens Chefs.

J'ai été hier matin à *Villa-Vizofa*, qui n'eft pas fort éloignée *d'Eftremor*, & j'ai fait demander de l'auberge, au *Sceriffe*, s'il pouvoit me faire montrer le Palais. *Sceriffe* eft le nom qu'on donne à celui qui a la garde de ce Palais, & qui m'a paru être un Gentilhomme très-poli. Il m'a envoyé un homme avec les clefs, & m'a reçu à la porte.

Ma vifite n'a pas été longue; car il n'y a que peu de chofe digne d'attention. Dans une grande falle fe trouvent des portraits de Rois & de Reines. Quelques vertus Cardinales font réprésentées fur les plafonds d'un des appartemens, & Hercule combattant le lion dans un autre: ouvrages assez imparfaits, surtout ce dernier. Il n'y a rien d'extraordinaire dans la disposition intérieure du bâtiment, non plus que dans l'architecture extérieure: qui au premier coup d'œil paroît gothique, il n'en est pas de même du second, l'ordre étant un ordre ionique ou dorique mal entendu. J'ai déja oublié lequel des deux. L'ameublement est plutôt très-ordinaire que terni, il y a cent maisons à Gênes, qui sont incomparablement mieux meublées: on ne sauroit la regarder comme une maison Royale, elle n'a point été batie par un Roi, ce n'est que la maison de campagne d'un ancien Duc de Bragance, duquel S. M. regnante est descendue, & pendant tout le temps que le Portugal n'étoit qu'une simple Province de la Monarchie Espagnole, sous les regnes successifs des trois *Philippes*, *Villa Vizosa* n'étoit qu'une des maisons de plaisance de la famille de *Bragance*. Personne de la famille Royale n'y vient jamais, à l'exception de *Don Pedro* qui y passe de temps à autre quelques jours, même dans ces occasions il ne loge point au Palais; mais il habite une petite maison qui y est attenante, que l'on m'a assuré être élégamment meublée. Ce que j'y ai vu

de

de plus remarquable, ce sont quelques vieilles lampes, & candelabres, dans ce qu'on nomme la Chapelle Royale, qui sont d'argent pur, & assez massifs. Devant la maison de *Dom Pedro* est un petit parterre négligé, & derriere le palais un potager bien pourvu de fruits & de légumes. Le Village qui y est joint est peu considérable, & sur un côteau voisin se trouve une Citadelle, dont les murs ainsi que ceux d'*Estremor* s'écroulent dans le *fossé*. On a trouvé dans cet endroit nombre de médailles, d'Inscriptions, & d'autres antiquités Romaines. Cependant le *Sceriffe* est ce qui vaut le mieux de tout ces environs; je serai toute ma vie reconnoissant de ses attentions. Il a poussé la complaisance jusqu'à me permettre de traverser le parc en voiture pour accourcir le chemin. Ce parc à plusieurs milles d'etendue, & ressemble plus à un Désert qu'à un parc. Il s'y trouve un petit nombre de biches que *Tago* & *Dom Manuël* se sont beaucoup amusés à effrayer par leurs cris, & en faisant claquer leurs fouets.

Étant sortis du Parc nous sommes venus (en montant & descendant plusieurs côteaux raboteux, & peu fréquentés,) en cette Ville d'*Elvas* ou d'*Yelvas*, où nous ne sommes arrivés qu'à nuit fermée (10). A environ une lieue de distance commencé un aqueduc, qui m'a presque fait oublier le superbe aqueduc de la vallée d'alcantara. Ce que j'en ai pu voir m'a paru très-magnifique, & s'il n'avoit pas été

(10) Elvas ou *Helvis* est une ville fort ancienne, batie par les Helves peuples de la Gaule qui habitoient auparavant entre la Garonne & la Loire, & qui ayant passé dans l'Espagne avec d'autres Gaulois y avoient apporté le nom de Celtiques. On y a découvert un grand nombre de monuments de l'antiquité. Elvas est aujourd'hui une des plus importantes places du Portugal, située à deux lieues des frontieres de l'Estramadoure Espagnole & à trois de Badajox. Elle est sur une montagne qu'elle occupe entierement: les rues y sont belles & les maisons propres. Il y a une citerne d'une grandeur immense & qui contient assez d'eau pour en fournir toute la ville pendant six mois. L'eau y est conduite par un magnifique aqueduc d'une lieue de long, élevé en quelques endroits de quatre à cinq arcades les unes sur les autres. A côté de L'aqueduc est une grande forêt d'oliviers percée en allées & ornée de fontaines en plusieurs endroits. L'aqueduc fut rompu par L'armée Castillanne qui assiéga cette ville l'an 1659, sous le commandement de Don Juan d'Autriche. Ce Prince fut battu par le Marquis de Marialve & contraint de lever le siege. Elvas dépendoit autrefois de l'archevêché d'Elbora mais l'an 1570; elle en fut détachée, à la priere du Roi Don Sebastien, par le Pape Pie V. & son Eglise érigée en évêché avec 10000 ducats de rente. Le pays aux environs produit de l'huile excellente, & les meilleurs vins de Portugal. A quelque pas de la ville on trouve le fort de sainte Lucie, sur une hauteur & régulierement fortifié

trop tard, je me ſerois arrêté pour l'examiner tout à mon aiſe. On aſſure que c'eſt l'ouvrage des Maures, ſi cela eſt vrai, il leur fait honneur.

Elvas, ainſi qu'*Eſtremor* (11) eſt ſituée

---

(11) Eſtremor ou Eſtremos a des manufactures de vaſes de terre ciſelée, qui ſont eſtimés dans toute l'Europe par leur beauté ſinguliere & l'odeur agréable qu'ils repandent, mais il y faudroit plus d'élégance & de goût dans les formes. Hors de la ville on voit une fontaine merveilleuſe en ce qu'elle tarit en hyver, contre l'ordinaire des autres ſources. Tout ce qu'on y jette ſe pétrifie au bout de quelque temps.

L'an 1663. les Portugais commandés par le Comte de Schomberg remporterent près de cette ville une victoire complette ſur les Caſtillans conduits par Don Juan d'Autriche. On trouva dans la caſſette de ce Prince (*) divers placarts imprimés & qui avoient déja couru dans Madrid au commencement de la Campagne, qui contenoient une énumération exacte des troupes de l'artillerie, des munitions & généralement de tout l'attirail de l'armée ; ſpécifiant juſqu'au nombre des fers à cheval & des cloux que les Caſtillans emportoient pour la conquête du Portugal. La cour de Lisbonne, pour s'en divertir, fit écrire au bas d'un de ces imprimés : *tout ce que deſſus nous certifions être véritable, l'ayant trouvé à la défaite de Don Juan d'Autriche, proche d'Eſtremor le 8 Juin 1663*,

On voit à Eſtremor une tour conſtruite tout entiere de marbre d'un rocher voiſin, les pierres dont elle eſt faite ont reçu une ſi grande poliſſure qu'il eſt preſque impoſſi-

(*) *Mémoires d'Ablancourt page 167. & ſuiv.*

sur une éminence. Cette Ville est fortifiée suivant la nouvelle méthode; mais les fortifications tombent en ruine. O Heureux Portugais qui n'avez besoin ni de forteresses, ni de Soldats!

Hors de la Porte de la Ville par laquelle nous sommes entrés, nous avons vu un grand concours de peuple. J'en ai demandé la raison, & on m'a répondu que c'étoit le lieu où se tenoit une foire de chevaux, & de porcs, indiquée cette semaine. Des deux côtés du grand chemin on avoit tendu plusieurs toiles en façon de tentes; les cordes qui les soutenoient barroient le chemin de manière que nous avons eu assez de peine à passer dessous avec nos chaises. Les marchands qui avoient élevé ces abris momentanés ne s'attendoient pas qu'aucune voiture dût y passer: il est assez rare de rencontrer dans cette route des voyageurs allant à *Madrid* ou à *Lisbonne*: ils ne s'étoient en conséquence point fait de scrupule d'embarrasser le chemin.

En voyant tant de gens rassemblés, le cocuo me dit, que je ne trouverois point de logement à l'*Estallage*; il ne me trom-

ble de la fixer, lorsque le soleil frappe dessus. Les maisons de la ville sont toutes blanchies par dehors, ce qui produit un effet fort agréable à la vue.

poit pas, ce qui m'a fait d'autant plus de peine qu'il commençoit à pleuvoir. Cependant loin de perdre courage, j'ai voulu tirer parti de l'habit galonné que j'avois mis pour me présenter un peu décemment au Palais de *Villa Vizosa*, persuadé que l'*Estallageiro* préféreroit un étranger galonné à ses compatriotes de guenilles, & sans souliers. Je l'ai fait prier de venir à la porte de son logis au moment que je descendois de voiture, & faisant usage de tout le Portugais que je possède, j'ai représenté à *sua Messé* d'un ton sérieux & pathétique, que *sua Messé* ne pouvoit me refuser un appartement dans la maison de *sua Messé*, surtout si *sua Messé* daignoit considérer que j'étois muni d'un ample passeport (je l'ai tiré de ma poche) de sa Majesté très-Fidele; j'ai ajouté que j'étois persuadé que *sua Messé* avoit trop de bon sens pour me mettre dans le cas de porter plainte contre *sua Messé* au Gouverneur, qui obligeroit certainement *sua Messé* de se montrer Hospitalier envers un *fidalgo* étranger.

Ce galimathias prononcé d'une voix posée & monotone, m'a procuré nombre d'intercesseurs auprès de l'aubergiste: un marchand de vaches très-déguenillé qui se trouva présent, a eu assez de sagacité pour décider, que j'avois un droit indisputable de déplacer qui je voudrois, & d'occuper son logement en vertu de mon paſſeport: telle eſt la force de l'éloquence ſur l'eſprit même des Marchands de vaches!

La vérité du fait eſt que l'*Eſtallegeiro* ne cherchoit qu'un prétexte pour ſe déclarer en faveur de mon habit, de ſorte que partie par bonnes paroles, & partie par menaces, j'ai forcé un pauvre conducteur d'ânes à me céder un cabinet, qu'une truie auroit pu prendre pour ſon habitation. Pauvre conducteur d'ânes, puiſſe tu employer à boire le peu d'argent que je t'ai donné pour te faire oublier l'injuſtice dont je me ſuis indirectement rendu coupable envers toi lorſque j'ai troublé ton profond repos! prends patience pour ce moment, & penſe que quoique la meilleure partie des poëtes modernes ſoient comparables à tes bêtes en fait de génie, cependant toutes les fois qu'un d'eux eſt aſſez favoriſé de la fortune pour qu'elle lui fourniſſe le moyen de mettre un peu de galon ſur ſon habit, les ânes non-ſeulement ſont obligés de lui céder le haut du pavé, mais même leurs conducteurs ſortent des étables pour leur faire place.

J'ai été obligé de me contenter de cet appartement, & d'en témoigner ma reconnoiſſance. Baptiſte a trouvé quelques nattes qu'il a étendues fur le plancher, après quoi il ne s'eft plus occupé que du foin de me procurer à fouper.

Il faudroit être bien novice pour s'imaginer de trouver quelque chofe de mangeable dans un *Eftallage*. Ce n'eft point la coutume dans ce pays; nous nous en fommes mis fort peu en peine, nous avions un dindon prêt à mettre à la broche, un jambon de Lisbonne, & autres chofes. Les jambons de Lisbonne font très-renommés, & les connoiffeurs en bonne chere ont décidé depuis longtemps qu'ils étoient fupérieurs à ceux de *Bayone* & de *Mayence*.

On m'a conduit dans une efpece de gallerie au haut de l'efcalier, qui donnoit fur nombres de chambres pleines de monde. Cette galerie étoit jonchée d'hommes qui dormoient enveloppés dans leurs manteaux. Comme je m'avançois au milieu d'eux je me fuis apperçu que le plancher trembloit, & comme je n'avois eu la tête remplie que de tremblemens de terre depuis mon arrivée à Lisbonne, je me fuis imaginé fur le champ que c'en étoit un nouveau; je n'ai pourtant pas tardé à reconnoître que ma marche feule donnoit ce mouvement à ce plancher mal fabriqué.

Comme je me promenois en attendant mon foupé, quelques muletiers font fortis des chambres voisines. L'un deux a commencé à toucher sa guitare, un autre l'a accompagné de la voix; à peine ce concert à t-il eu duré trois minutes, que les dormeurs se sont levés les uns après les autres, & qu'il est sorti plus de trente personnes des appartemens qui donnoient sur la galerie, & quelles se sont mises à danser. Un homme a fait un saut en guise de révérence à une femme qui s'est mise sur le champ en posture pour danser le *Fandango* avec lui. Il n'est pas possible de vous donner une juste idée de leur gaieté, de leur agilité & de leur élasticité. Il se trouvoit dans cette assemblée quatre Espagnoles & six Portugaises, de ces dix il n'y en a eu que trois qui aient attiré mon attention. L'une étoit une jeune brune nommée Téresuela (diminutif de Théreze,) que j'ai reconnue bientôt pour la meilleure chanteuse. Les deux autres étoient sœurs, la plus jeune étoit célèbre dans toutes les villes du voisinage par sa beauté, au point qu'on ne parloit d'elle que sous nom de la *belle Catherine*. l'ainée ne l'est pas autant; mais elle a des yeux? bon Dieu, quels yeux! Il est dommage que la comparaison des étoiles ne soit plus de mode & soit trop usée!

La parure de ces femmes étoit très-rechercherchée, surtout celle des Espagnoles, qui sont venues de Badajoz avec quelques hommes de leurs amis pour voir la foire d'Elvas. Je ne saurois m'empêcher de répéter que j'ai vu différentes especes de danses depuis *Paranzo* en Istrie jusqu'à *Derby* en Angleterre; mais je n'en ai point vu qui fussent comparables à celle d'aujourd'hui ici. Il est vrai que les attitudes & les gestes ne sont pas toujours aussi modestes qu'il seroit à souhaiter; cependant si j'avois les talents de *Martial*, loin de décrier le *fangando* & la *seguedilla*, qui étoient à ce que je m'imagine les danses dont il faisoit les objets de sa satyre, je serois homme à composer mille vers à leurs louanges, à celles de *Téresuela*, de *Catalina*, & surtout de *Paolita*, qui a les yeux dont je vous ai déja parlé!

Tant le *fandango* que la *seguedilla* se dansent au son de la seule guitarre, ou de la guitarre accompagnée de la voix; ce qui est une addition avantageuse lorsque celui qui en joue a une belle voix. Les hommes aussi bien que les femmes, en dansant, font un double bruit à chaque cadence avec le pouce & le doigt du milieu, ces deux danses (surtout le *fandango*) consistent plutôt en des mouvemens gracieux;

& à frapper vivement des talons & du bout du pied la terre, qu'en des pas réguliers & égaux. On danse se tenant tout proche les uns des autres, ensuite on tourne, on se rapproche, avec une grande vivacité, on se retire promptement, & on se rejoint de même, l'homme fixe constamment la femme tandis que celle-ci tient la tête baissée, & regarde la terre avec toute la modestie imaginable. (12)

Il y avoit trois nuits que je n'avois presque pas fermé l'œil, & j'étois si fort fatigué de cette dernière journée, que j'avois faite en grande partie à pied, que j'avois été quelque temps en doute si je me coucherois sans souper. Mais ce bal, imprévu m'a décidé sur le champ, & au lieu d'aller me reposer, je suis resté pour en être spectateur, & j'y ai pris le plus grand plaisir.

Les drôles qui dormoient un moment auparavant sur ce plancher, sans la moindre cérémonie, ou sans avoir aucune honte de leurs guenilles, ont dansé avec les jeunes filles parées tout comme avec celles qui étoient mal vêtues sans distinction (plusieurs de ces dernieres étoient réellement très-mal propres) personne de l'assemblée

___

(12) Par ce dernier trait, jugez, Lecteurs de la beauté d'une telle danse. *Modestie* est excellent dans cet endroit. Probablement, cet éloge ne sera bien reçu qu'en Espagne.

n'a manifesté la moindre partialité pour l'âge, l'habillement, ou la beauté, tous ont paru danser uniquement pour l'amour de la danse. J'ai été un peu surpris en voyant un grédin tout déguenillé prendre une jeune personne aussi proprement mise que *Téresuela*, qui étoit la plus belle de l'assemblée, & la contempler plus amoureusement que ne feroit un petit Maître Parisien une riche & tendre veuve. Il n'en auroit pas été de même dans les autres pays que j'ai parcouru, où les personnes malvetues vivent avec celles de leur espece, & ceux qui sont richement vetus avec leurs semblables, sans jamais penser à pareils mélanges, que ceux qu'on voit tous les jours dans cette partie du monde.

Il y avoit dans un coin de cette galerie une grande table. C'est sur cette table qu'on a mis une nape, & qu'on m'a servi à soupé. Je m'y suis assis pour manger sans aucune cérémonie, ni sans la moindre honte.

Ayant à-peu-près fini, Baptiste a placé devant moi un énorme gâteau fait par Madame Kelly. J'ai coupé ce gâteau en plusieurs morceaux, & les ai arrangé en forme de pyramidale sur une assiette, j'ai fait la ronde & les présentant aux Dames, j'ai accompagné cette politesse d'un compliment castillan que j'avois été occupé un quart d'heure à composer. Chacune de ces femmes a pris son morceau de l'air le moins gêné, les unes faisant la révérence, d'autres souriant & le reste avec politesse.

Ayant ainsi distribué ce gâteau, je me suis tourné du côté des Gentils-hommes (muletiers, conducteurs d'ânes & autres) & les nommant *Fidalgos* & *Cavalleros*, je les ai invité à boire à la santé des *amables Baylarinas* (des aimables danseuses,) ce qu'ils ont fait tous avec la plus noble assurance, & la plus grande alegresse, la joie universelle a été encore augmentée par cette politesse inusitée: plusieurs de ceux de la compagnie qui avoient jusqu'alors à peine daigné regarder l'*Estrangeiro*, ou paroissoient craindre de lui parler, lui ont tendu la main, & tous ont eu quelque chose d'honnête à lui dire en Espagnol ou en Portugais.

Quand les Dames ont eu mangé leur gâteau, je leur ai fait apporter des verres d'eau, parce que j'étois informé que si je leur offrois du vin ce seroit gâter ce que j'avois fait, & que cette offre passeroit pour un affront ; tel est le cas que ce peuple fait de la sobriété. L'une d'elles qui étoit grosse, m'a fait demander une tranche de jambon, les autres ont suivi son exemple.

Vers minuit, le bal a été interrompu par un feu d'artifice que l'on a tiré hors de la ville en l'honneur du mariage de la

Princesse; nous nous sommes tous rendus pour le voir sur l'un des bastions mais à ma grande satisfaction, la pluie y a bientôt eu mis fin, & a obligé de cesser, de sorte que nous sommes revenus à l'*Estallage* où l'on a recommencé à danser avec plus de vivacité qu'auparavant, le bal a duré encore deux heures : la sœur de *Catherine* celle qui avoit de si beaux yeux, qui étoit la plus agile, & la plus adroite, ayant envie (ainsi que ses regards me l'ont fait comprendre) de me récompenser de la petite politesse que je lui avois faite à elle & à sa compagnie, a dansé seule, elle a déployé tant de graces que jamais mon pauvre cœur ne s'étoit trouvé dans un peril aussi éminent.

Lorsqu'elle a eu fini, j'ai battu des mains avec tant de force, & ai été si bien secondé par *Baptiste*, *Yago*, & *Dom Manuël*, que les spectateurs ont été obligés d'oublier leur flegme ordinaire en pareilles occasions, & de lui donner par leurs acclamations la récompense qu'elle avoit si bien méritée. Un jeune *Fidalgo* a pris ensuite sa place, & a montré une agilité surprenante par ses sauts, & donnant à son corps mille attitudes pitoresques. Téresuela nous a fait entendre plusieurs chansons Castillanes, elle avoit la voix si agréable, & ses manieres étoient si naturelles quelles auroient fait honneur aux plus fameuses de nos princesses de Théâtre. La belle *Catherine* a chanté à son tour, mais elle m'a paru ne pas égaler son amie.

Quand elles ont eu fini, j'ai fait demander à *Paolita*, si elle voudroit me faire la grace de me donner une copie de la chanson que sa sœur avoit chantée, je lui saisois cette demande, non seulement parce qu'il y avoit plusieurs morceaux de cette chanson qui me plaisoient, mais encore pour essaier s'il seroit possible de lier conversation avec elle, & juger si son bon sens & son esprit étoient comparables à ses beaux yeux. Voici qu'elle a été la réponse; Elle m'a fait dire, qu'elle ne manqueroit pas de m'envoyer un livre entier de chansons le lendemain à la *posada* (hotellerie) à *Badajoz* où elle devoit se rendre ainsi que moi.

Je m'étois servi pour cette commission d'un jeune homme de la compagnie, que je m'imaginai, à l'air de familiarité qu'il avoit avec elle, très-propre à cet emploi. Mais, frere, ne pouvois-tu pas aller tout simplement à elle & lui parler toi même? non, je ne le pouvois pas. Si cela avoit été possible, je n'aurois pas attendu que vous m'y eussiez encouragé. Dans ce pays ci, les mœurs sont différentes de celles d'Angleterre, de France & d'Italie, & je peux vous assurer, que j'aurois donné tout au monde pour pouvoir échanger quelques mots avec cette *Paolita*, aux beaux yeux de laquelle, quoique déja dans ma quarantieme année j'avois peine à résister.

Il étoit près de trois heures lorsque la fête a fini, chacun a été se coucher sur le plancher, oui, tous sur le plancher, quelques uns sur des nattes, d'autres sur des paillasses, & même le plus grand nombre sur le simple plancher, tous gardant leurs habits, sans en excepter *Terésuela*, *Catherine*, & sa sœur aux grands yeux noirs, & toutes sur la terre, selon l'usage du siecle d'or.

J'ai été le seul qui ne les ai pas imitées: mes esprits avoient été si fort émus par ce divertissement imprévu, que ne me sentant pas la moindre envie de dormir, au lieu de me coucher j'ai demandé de l'encre & du papier, & il y a près de trois heures que je m'occupe à vous écrire. Il est grand jour, & je suis encore ici dans cette galerie tremblante, que je croyois à chaque instant devoir céder. L'aventure auroit été singuliere si les muletiers, les conducteurs d'ânes, les *Calesseiros*, la brune, la belle Catherine, sa sœur, & tous les assistans tant mâles que femelles, nous étions tous trouvés pêle-mêle tous à la fois transportés dans l'étage au dessous.

Il pleut actuellement à verse, & comme tous ceux qui m'environnent dorment profondément. Je vais essaier de me procurer à mon tour un peu de repos. Le premier endroit de séjour n'est qu'à trois petites lieues d'ici, il se nomme *Badajoz*; il suffit que je parte dans l'après-diné.

LETTRE XXXVIII.

Affaires d'amour. Vaches blanches. Un Cardinal, ancien ami, & lettre Portugaise.

Badajoz, 22 Septembre 1760, au soir.

Il est heureux pour moi de quitter ce pays; si j'y faisois le moindre séjour, j'y perdrois certainement la tête, quoique je sois assez vieux pour être sage. Oui, pour peu que je m'y arrêtasse, ma philosophie qui m'a aidé à soutenir courageusement pendant dix ans les attaques réitérées des beautés Britanniques, ma pauvre, ma sotte, ma méprisable philosophie seroit subjuguée par un pouvoir que j'ai honte de nommer. Mais reprenons le fil de mon histoire en ma maniere ordinaire.

Il étoit neuf heures du matin que je n'avois pas encore fermé les yeux. La danse, & mon trop d'application à écrire m'avoient échauffé l'imagination. Je me suis levé, & suis entré dans la gallerie tremblante, où plusieurs des hommes qui composoient la compagnie de la nuit passée mangeoient de la viande, & des olives salées avec les quatre Espagnoles : Ce déjeuné m'a paru singulier ; Les femmes m'ont fait la révérence & ont souri, en me voyant, les hommes m'ont invité à suivre leur exemple, ce que j'ai refusé. On prétend que les Espagnols déjeunent constamment avec du Chocolat ; c'est peut-être leur usage lorsqu'ils sont chez eux ; mais ici le bruit public se trouva démenti.

Après déjeuné on a dansé encore le *Fandango* par complaisance pour moi, ayant vu combien j'y avois pris de plaisir : politesse espagnole que je ne dois pas passer sous silence. Tandis que les uns dansoient, d'autres se rasoient dans le même appartement. Dans un autre pays que celui-ci cette façon d'agir seroit regardée comme une très-grande impolitesse ; mais ici on n'y fait aucune attention. Ce peuple vit *sans-façon*, ou pour mieux dire à la *Tartare*.

Cette danse n'a pas été de longue durée, les femmes ont voulu aller à la messe quoiqu'il continuât à pleuvoir. Il paroît que les Espagnoles ainsi que les Portugaises, y assistent régulierement tous les jours de l'année sans exception. Les Italiennes ne l'entendent que les Dimanches & les jours de fête surtout lors qu'elles sont encore jeunes. Elles ont été en conséquence chercher leurs *Mantilles*; c'est-à-dire les *voiles blancs* dont elles couvrent leurs têtes & la partie supérieure de leur corps. Il faut que je vous dise que la nuit passée je n'avois que trop lorgné les yeux de *Paolita*, & qu'elle m'avoit clairement donné plusieurs fois à entendre, qu'elle n'étoit point fâchée de la préférence que je lui donnois sur la brune *Téresuela*, & même sur sa charmante sœur, & puisque nous voilà sur ce chapitre, il ne m'en coutera pas plus de vous dire, que lorsque nous fûmes voir le feu d'artifice, quelqu'un dans l'obscurité me pinça doucement le bras, & posa sa main dans la mienne.

Les hommes & les femmes donc ont quitté la galerie; & s'en sont allés à l'Eglise; mais à peine étoient-ils au bas de l'escalier, que *Paolita* est revenue pour prendre un de ses gands qu'elle avoit oublié. Elle a monté l'escalier avec tant de vitesse, qu'elle s'est trouvée devant moi au moment où je m'y attendois le moins: cette apparition subite m'a mis hors de moi. *Diõs te da mil annos de bien, Estrangeiro.* (Dieu te donne mille années de bien, Étranger.) m'a-t-elle dit en levant son voile, & me parlant à l'oreille. Toute la réponse que j'ai pu lui faire a été de lui appliquer un baiser sur l'œil droit, & un second sur le gauche; & avant que j'aie eu le temps de me reconnoître, elle est disparue.

Elle est partie, & m'a laissé, je ne saurois dire en quel état? Qu'avoit elle besoin d'oublier son gand, ou de remonter, & de me faire un compliment, & des vœux en ma faveur! J'en fais aussi pour elle & de mille cœurs si je les avois: mais je ne suis dans ce pays qu'un pauvre voyageur: & ce qu'il y a de pire j'ai deja atteint ma quarantieme année. Pourquoi dont a-t-elle été penser à son gand? O vous *Sénéque,* vous *Boëce* (13) vous tous *philosophes*

---

(13) Boëce [Anicius Manlius Tosquatus Severinus Boetius] issu des anciennes familles des Aniciens & des

Tome II.

dont j'ai autrefois étudié les ouvrages avec attention, je vous demande pardon de les avoir lus & relus, à ce qu'il me paroit à présent assez inutilement : un coup d'œil, un attouchement, un rien, l'a emporté sur une douzaine de sages, & a subitement détruit toute la sagesse dont j'avois fait une si ample provision, & que j'avois recueillie d'une lecture & d'une application continuelle de vos graves leçons ! n'y pensons plus, & continuons mon journal.

Ma longue veille m'avoit décidé à ne partir que tard : ainsi je suis sorti d'*Elvas*

Torquatus, vécut sur la fin du cinquieme siecle, & dans le sixieme. Il fut consul en 487 & en 510, & premier Ministre d'Etat de Théodoric, Roi des Goths. Ce Monarque, sur un soupçon qu'il avoit conçu contre le sénat, de quelque intelligence avec l'Empereur Justin, fit arrêter Boëce avec son beau-pere Symmaque comme les plus illustres de ce corps. Boëce fut conduit à Pavie, où, après six mois de prison, il eut la tête tranchée, le 23 Octobre de l'année 524 ou 525. Son tombeau se voit encore dans l'église de saint Pierre à Pavie. Il composa pendant sa prison les cinq livres de la consolation de la philosophie qui ont été traduits en François.

à trois heures de l'après-midi. La pluie continuoit. Après avoir cheminé près de deux heures, nous avons traversé un torrent nommé *Caya*, qui sépare de ce côté le Portugal & l'Espagne auxquels il sert de borne. Quoi qu'on puisse le passer à pied sec presque pendant toute l'année, la pluie l'avoit si fort enflé, qu'il atteignoit les sangles de mes mules; de sorte que j'ai perdu l'espérance d'avoir les chansons que Paolita m'avoit promises; persuadé que les ânes qui doivent rapporter les deux sœurs à *Badajoz* ne pouroient le franchir à la n'âge aujourd'hui. Encore: me voilà retombé: finissez, laissez moi, allez. Je ne veux plus penser à vous. J'ai quarante ans.

J'avois été assez triste depuis *Elvas* jusqu'à ce *torrent*. En atteignant le côté opposé j'ai eu un mouvement de joie. J'avois le Portugal derriere moi, & les *Caleisseiros* (à présent *Calesseiros*) m'assuroient que le voyage seroit beaucoup moins fatiguant, que nous ne trouverions plus d'*Estallages* en Espagne, mais des *Posadas*. Qu'il ne seroit plus question de coucher sur le plancher sur des nattes & sur de la paille; mais sur des *Camasaltas*, rembourrés de laine, & des *savanas l'empias, cuda noche, si astedquiere;* c'est-à-dire *des lits hauts, & des draps blancs chaque nuit si l'on veut.*

Badajoz anciennement *Pax augusta* (14) est une ville fortifiée, située sur une petite éminence distante d'environ une lieue de *Caya*. Nous y sommes entrés par un pont de pierre qui est sur la riviere de *Guadiana*. Ce pont est l'un des plus longs & des plus magnifiques que j'aie encore vûs. S'il étoit un peu plus large il

---

(14) Cette ville est située à une lieue des frontieres de Portugal c'est une place très-importante pour l'Espagne: elle est bien fortifiée & a toujours bonne garnison; du reste elle n'est pas grande, & l'on n'y compte pas plus de 5000 habitants. Un château bati & fortifié à la moderne la couvre du côté du Portugal & de l'Andalousie. Cette ville est fort ancienne; du temps d'Auguste, on la nommoit *colonia pacensis* & *pax augusta*, c'est de ce dernier nom que les maures ont fait par corruption d'abord bax-augos & puis Badajox. Elle a soutenu deux sieges sans avoir été prise l'un contre les Portugais l'an 1658 & l'autre en 1705 également contre les Portugais. C'étoit autrefois un duché qui appartenoit à un Seigneur particulier, mais depuis longtemps il est reuni à la couronne. La Campagne d'alentour est fort agréable & très-fertile, mais elle est incommodée de temps en temps par des nuées de sauterelles qui s'y jettent en si grande quantité que le ministere est obligé d'y envoyer du monde pour brûler ces insectes.

Dans le voisinage de Badajoz le Portugal est séparé de l'Espagne par deux rivieres qui sont au nord de la guadiana & viennent y perdre leur nom; l'une à l'orient, l'autre au couchant de la ville.

ne seroit pas indigne de la *Tamise* même. Ce pont est la promenade favorite du soir des habitans de *Badajoz*. J'ai été charmé en approchant la *Guadiana* de voir le long de la rive opposée à la ville un grand troupeau de vaches blanches comme du lait. Leur nombre étoit au moins de cinq cents, ce qui surpasse celui de toutes celles qui appartiennent à l'allemtejo & à l'Estramadoure Portugaise. Du moins je peux assurer, que je n'en ai pas vu une seule depuis *Aldéagallega* jusqu'à *Villa Vizosa* (15) inclusivement. Il est vrai qu'à *Elvas* j'en apperçus quelques-unes. Mais ce ne fut qu'à cause de la foire qu'on y avoit alors.

(15) *Villa Vizosa*, dont on a parlé plus haut, a dans un de ses faubourgs un temple fort ancien consacré à St. Jacques: mais qui dans le temps de l'antiquité payenne avoit été bâti en l'honneur de proserpine. On y a trouvé un grand nombre d'inscriptions à l'honneur de cette divinité. Voici un des principales.

Proserpinæ servatori
C. Vettius Silvinus
Pro Eunoide plautilla
Conjuge sibi restituta,
V. S. A. L. P.

Ces dernieres lettres signifient *Votum solvens animo libens posuit*. Dans la même ville est un couvent de Religieux de St. Augustin, où l'on trouve aussi quantité d'inscriptions qui sont toutes à l'honneur du dieu *Endovellicus* dont le

D'où les Portugais tirent-ils cette quantité de Bœufs qu'ils massacrent les Dimanches à l'amphithéatre de *Campa pequeno*? & les bœufs qui sont attelés à leurs charettes bruyantes, où la viande de boucherie qu'on consomme dans leur Capitale? Je m'imagine qu'ils ont quelque province à la rive Occidentale du Tage plus fertile que les deux que je viens de nommer, & qui est plus abondante en pâturages.

A l'extrêmité septentrionale du pont de Badajoz est une porte, flanquée de deux tours rondes de pierre, ou donjons. Derriere cette porte j'ai trouvé deux drôles qui m'ont complimenté sur mon arrivée en Espagne: au premier coup d'œil je les ai pris pour deux Jésuites, étant tous deux enveloppés de grands manteaux noirs qui pendoient jusqu'à terre, & ayant des chapeaux rabattus sur la tête. Mais j'ai bientôt reconnu à leurs discours que c'étoient des commis de barriere. Ils m'ont prié d'or-

nom a tant donné de peine aux antiquaires & aux critiques. En voici une.

Deo Endovellico
Praestantissimi numinis
Sextus Cocceius Craterus
Honorinus ques Romanus
Ex voto.

d'ordonner aux *Caleiſſeiros* de me conduire à la Douane: où mes malles ont été ouvertes & viſitées: non pas d'une manière auſſi impolie, qu'on le pratique en Angleterre, où un inſolent maraud dérange tout ſans la moindre diſcrétion, décout même vos habits; s'il a le moindre ſoupçon qu'on ait caché des dentelles entre la doublure & le drap; & lorſqu'il vous a bien tourmenté, il vous extorque encore quelques ſchellings en récompenſe de ſa groſſiereté, & de ſa brutalité.

Ceci eſt un des inconvéniens du grand nombre de ceux que les Voyageurs de mauvaiſe foi ont attiré à ceux qui ne cherchent point à frauder. Le gros des hommes eſt naturellement voleur; & il s'en trouve beaucoup qui s'occupent continuellement à priver les ſouverains de leurs droits par le moyen de ce qu'on appelle faire *la contrebande*. Ceux qui ſont chargés d'exiger ces droits, ne ſauroient lire ſur la phyſionomie des allans & des venans leur honnêteté ou leur mal-honnêteté, & diſtinguer le contrebandier de l'homme d'honneur. Conſéquemment ils viſitent tout le monde indiſtinctement. Ces viſites ſont plus ou moins rigoureuſes dans un Etat que dans un autre. En Angleterre elles ſont inſupportables. J'ai été ſouvent indigné d'y voir

Tome II. D

même des femmes traitées d'une manière plus indécente qu'elles ne le seroient dans les Etats les moins policés de la Barbarie. Il paroît que le Gouvernement Espagnol, se conduit plus honnêtement à cet égard que celui d'Angleterre; & ne regarde point les effets de Contrebande qu'un Voyageur pourroit cacher dans sa malle, comme un objet digne d'attention, ou capable de produire une diminution notable dans les revenus publics.

   La *Posada* (l'auberge) de St. *Lucia* où j'ai mis pied à terre, ne vaut pas beaucoup mieux qu'un *Estallage* Portugais: ses murs sont pourtant sans breches, le toit est entier, & le plancher n'est point pavé de petits cailloux comme une rue. Ici, comme en Portugal, les fenêtres n'ont point de vitres, mais simplement des volets, qui en excluent la lumière, lorsqu'on cherche à en exclure la pluie, le vent, & le froid. On n'y trouve ni commodes, ni garde-robes, ni miroirs. Ici, dit Baptiste, pareils meubles ne sont point de mode comme en *France*: ici les chaises sont boiteuses, & les tables grasses, précisément comme dans les *Estallages*, mais les *Camas* (lits) que l'on y rencontre se trouvent point dans les *Estallages*; & quand il se sera (plus tard) *Posadero*, nous deviendrons les meilleurs amis du monde, si je fixois mon domicile à *Badajoz*. Il joue de la guitarre mieux qu'aucun de ceux que j'ai entendu jusqu'à présent : & sa politesse est comparable à son habileté en musique. Il a eu la complaisance de jouer tandis qu'on me rasoit. *Para disent andara usted*, dit-il; c'est-à-dire, *pour me désennuyer*. Etoit-il possible de pousser plus loin la politesse ?

Je n'ai pas été plutôt arrivé, que j'ai envoyé Baptiste avec un billet au Cardinal *Acciaioli*, pour informer son Eminence de mon arrivée, lui demandant d'être admis *al bacio della sacra porpora*. (à baiser la pourpre sacrée) & lui offrir mes services pour l'Italie, où je comptois me rendre au plutôt. J'attendois tranquillement sa réponse, quand un gentilhomme a paru tout d'un coup dans ma chambre, & m'a serré dans ses bras avant que j'aie eu le temps de le reconnoître en criant *ben trovato, ben trovato*. Je l'ai fixé, je me suis froté les yeux, tout cela sans pouvoir le remettre. Comment ? Vous ne reconnoissez pas votre ancien ami le milanois *Meropio* ? Ah Docteur, est-ce vous ! c'étoit réelement lui, l'un des Compagnons de ma jeunesse que je chérissois le plus. Il avoit rencontré Baptiste dans la rue, il avoit connu ce Domestique à Lisbonne: que faites vous ici, Baptiste? Monsieur, j'y suis avec mon ancien maitre, Monsieur un tel, & nous nous en allons en Italie. Comment? Mon ancien ami de Turin! Oui, Monsieur, il est de Turin. Si vous êtes son ami, allez à la *Posada*, & vous le verrez: cette surprise a été fort agréable pour le Docteur & pour moi, ainsi que vous pouvez l'imaginer; nous nous sommes mutuellement faits beaucoup de questions en moins d'un instant, & nous n'avons pu revenir qu'avec peine de la surprise de ce *belle incontro* (*cette belle rencontre*,) dans un coin aussi peu fréquenté du globe que *Badajoz*.

Le Cardinal auquel heureusement mon nom n'étoit pas tout à fait inconnu, m'a fait dire, qu'il seroit charmé de me voir, je me suis rendu en conséquence avec *Merosio*, qui est son Médecin, à son logis, il m'a reçu avec beaucoup d'affabilité, & a paru prendre part à la joie qui éclatoit dans les yeux de deux amis qui inopinément se rencontroient sur les bords de la *Guadiane*. J'ai passé avec eux une soirée fort agréable: le Portugal, Rome & l'Angleterre ont été pendant cinq heures les sujets de la conversation. Il se trouvoit avec cette Eminence un jeune *Monsignor*, son neveu & plusieurs autres Gentilshommes Italiens, tous très-ennuiés de leur long séjour ici, & souhaitant tous de l'échanger pour celui de Rome : *Badajoz* n'est point selon eux une résidence propre pour un Cardinal. A l'exception du Gouverneur, Le Comte de la Roca, & deux ou trois officiers de la garnison qui ont vu le monde, tout le reste n'est pas fort sociable. Les habitans de *Badajoz* qui n'avoient peut-être jamais vu de Cardinal dans leurs murs depuis qu'ils étoient bâtis, rendent à son *Eminence* une sorte de respect qui approche de l'adoration, ou de l'idolâtrie, ainsi qu'il le nommoit lui-même, qu'il leur rend en bénédictions sans nombre toutes les fois qu'il sort dans les rues. Mais cet échange mutuel de politesses ne raccommode point ses affaires, & il passe ses jours plutôt dans la langueur que dans le repos. Et comment passe-t-il les nuits ? heureux les mortels obscurs tels que nous, dont rien ne trouble le sommeil, si ce n'est la dureté d'un matelat, & l'idée de *Paolita* ! On n'est pas toujours à plaindre d'être obscur, & de se trouver placé dans un rang assez bas pour ne pas attirer les regards des Rois & des Papes.

Je n'ai pas besoin de vous instruire de l'accident qui a conduit un Prélat de cette importance dans cette ville. Les papiers publics vous ont informé du traitement qu'il a essuyé à Lisbonne; & la maniere dure dont il en a été chassé avec toute sa suite. J'ai eu la hardiesse de lui en demander la raison. Je crois, réellement, m'a-t-il répondu, que ceux qui m'ont chassé ne la savent pas plus que moi. On m'apporta un ordre qui m'enjoignoit de quitter Lisbonne dans une heure de tems, mais les cinquante soldats porteurs de cet ordre ne m'accorderent pas une minute. Leur Commandant me fit entrer sur le champ dans une chaloupe sans me donner le temps de fermer mon bureau, me fit traverser le *Tage* & me conduisit à la *Caya* en quatre jours. Je n'eus point de lit dans toute la route, & à peine de quoi manger, & tout cela sans savoir pourquoi? Mais venez me voir quand je serai en Italie & je vous en dirai davantage. Ici, ajouta-t-il en souriant, je dois agir en grand politique, & me taire.

Je compte demain faire ce que j'ai fait aujourd'hui, & ne m'éloigner d'ici que de trois lieues. Je passerai toute la matinée avec mon ami, qui comme un vrai Milanois, s'afflige de la situation de son maitre, quoiqu'il ne connoisse pas mieux ses affaires que moi.

Je finirai ma lettre par la copie de celle que *Dom Luis du Cunha* secrétaire d'Etat écrivit au Cardinal, & qui lui fut remise par l'officier qui devoit l'accompagner jusqu'à *Caya*.

CARTA.

„ *Que de ordem de Sua Magestad escre-*
„ *veo o secretario de estado Dom Luis da*
„ *Cunha ao Cardinal Acciaioli para sahir*
„ *da Corte de Lisboa.*

„ *Eminentissimo e reverendissimo senhor.*
„ *Sua Magestade, usando do justo, real,*
„ *e supremo poder, que per todos os direc-*
„ *tos the compete, para conservar illeza*
„ *a sua authoridade regia e preservar o*
„ *seus vasallos de escandalos prejudicias a*
„ *tranquilidade publica de seus reinos: Me*
„ *manda intimar à vossa Eminencia que*
„ *logo immediatamente a appresentaçao*
„ *desta Carta haja vossa Eminencia de sa-*
„ *hir desta Corte para a outra banda do*
„ *Tejo, haja de sahir via recta destes rei-*
„ *nos no precizo termo de quattro dias.*
„ *Para o decente transporte de Vossa*
„ *Eminencia se a chao promptos os reaes*
„ *escaleres na praya fronteira a cara da*
„ *habita de Vossa Eminencia.*
„ *Epara que Vossa Eminencia possa en-*
„ *trar nellas, e seguir a sua viagem e*
„ *caminho, sem ó menor risco de insul-*
„ *tos contrarios a protecçao que Sua Ma-*

,, geſtade quer ſempre que em todos occa-
,, ſioes ache en ſues deminios a immunida-
,, de do caraƐter de que Voſſa Eminencia ſe
,, acha reveſtido. Manda o ditto ſenhor
,, ao meſmo tempo acompanhar a Voſſa
,, Eminencia até a fronteira deſte reino
,, por huma decoraza, e compentente eſcor-
,, ta militar.

,, Fico para ſervir a Voſſa Eminencia
,, como major obſequio. Deos guarde à Vos-
,, ſa Eminencia multos annos. Paço a 14
,, de Junho de 1760. De Voſſa Eminen-
,, cia obſequioziſſimo ſervidor."

D. Luis da Cunha.

Ce qui ſignifie en François.

,, LETTRE Ecrite, d'ordre de Sa Ma-
,, jeſté par Dom Louis da Cunha Secré-
,, taire d'Etat au Cardinal Acciaiolli;
,, pour qu'il ait à partir ſans délai de la
,, Cour de Lisbonne.

,, Très Eminent & très Révérend Sei-
,, gneur.

,, S. M. ſe ſervant du pouvoir juſte, royal,
,, & ſuprême auquel il a toute eſpece de
,, droit,

„ droit, afin de maintenir dans toute son
„ intégrité son autorité royale, & préser-
„ ver ses sujets de tous scandales qui pour-
„ roient préjudicier à la tranquilité publi-
„ que de ses Royaumes, m'ordonne de fa-
„ re savoir à votre Eminence, qu'aussitôt
„ que la présente lettre lui aura été remise,
„ votre Eminence ait à sortir de cette
„ cour pour se rendre à l'autre côté du Ta-
„ ge, & qu'elle ait à sortir en droiture de
„ ses Royaumes dans le terme précis de
„ quatre jours.

„ Les barques Royales se trouveront prê-
„ tes devant la maison de votre Eminence,
„ pour transporter la personne de votre
„ Eminence.

„ Et pour que votre Eminence puisse y
„ entrer, & poursuivre son voyage & che-
„ min, sans la moindre crainte d'insultes con-
„ traires à la protection que S. M. entend
„ que trouve en tous les cas, dans les ter-
„ res de son obéissance, l'immunité du ca-
„ ractere dont votre Eminence se trouve
„ révêtue. Le dit Seigneur ordonne en
„ même temps que l'on ait à faire accom-
„ pagner votre Eminence jusqu'à la fron-
„ tiere de ce Royaume par une escorte
„ militaire honorable, & compétente.

„ Je demeure prêt à servir votre Emi-
„ nence avec la plus profond respect. Dieu

,, garde votre Eminence nombre d'années.
,, Paco le 14 de Juin 1760.

D. Luis da Cunha.

LETTRE XXXIX.

Leçon aux écrivains Voyageurs.

Badajoz 23 Septembre 1760. Le matin de bonne heure.

J'eus hier avant de me coucher la curiofité de relire toutes les lettres que j'ai écrites de Portugal : réfléchissant enfuite un moment fur leur contenu. ,, Fort bien, me
,, fuis-je dit en moi-même, fuppofons qu'il
,, me prît fantaifie un jour ou l'autre, de
,, faire imprimer ces lettres; que puis-je
,, penfer du jugement qu'en porteroit le
,, public? Vous favez, Monfieur, le Voya-
,, geur, qu'avant que d'hazarder d'abandon-
,, ner fon ouvrage à l'Imprimeur, un hom-
,, me fage doit fe faire deux fois cette
,, queftion. Ainfi permettez moi de vous
,, la faire de nouveau. *Que dira le public*
,, *de votre Livre lorfqu'il fera imprimé?*

L'amour propre répond fans héfiter, que

tout le monde en sera charmé; que les hommes les plus occupés, & les femmes les plus soigneuses quitteront leurs affaires, ainsi que leurs amusemens pour jouir d'une aussi délicieuse production; que tous s'uniront en cœur pour vanter la pureté du langage, la vivacité du style, la variété des pensées, & la justesse des remarques. Chacun me nommera habile peintre des objets matériaux, me considérera comme grand investigateur des coutumes & des mœurs, & me placera infailliblement au rang des écrivains les plus clairs, les plus brillants, & les plus instructifs que l'Italie & tout autre pays ait encore produits. (16)

(16) A quelques détails près, très-longs très-minutieux & très-indifférents, ces lettres méritent l'attention des lecteurs. L'Espagne en général est le peuple de l'Europe qui nous est le moins connu & que nous avons le plus d'intérêt de connoître; ceux qui croiroient avoir une notion suffisante de l'espagne, par les anciennes relations, se trouveroient aujourd'hui bien trompés. Il ne faut qu'une ou deux générations pour changer la face d'une nation, capable de culture. Ces changemens à la vérité sont plus sensibles dans le moral que dans le physique, mais il ne s'en fait guerre dans les mœurs ou le génie national qui n'influe plus ou moins sur le local du pays. L'esprit d'observation est maintenant répandu par-tout & se fait remarquer principalement dans la plûpart des lettres que l'on offre au public. Les politiques y trouveront un tableau assez fidéle & souvent curieux des Gouvernements, l'attention des gens

Mais l'amour propre, mes Freres, l'amour propre est un coquin bien trompeur auquel on ne doit jamais se fier. L'amour propre ne laisse échapper aucune occasion

de lettres se portera sur la description des différentes villes & sur les recherches aussi curieuses qu'exactes, dont l'auteur a rendu compte; il n'est pas même jusqu'aux détails longs & minutieux qui, lus avec l'indulgence & la patience nécessaires, ne puissent servir à donner des idées justes sur la moyenne classe des peuples Portugais & Espagnols. Il est à présumer même que l'auteur ne s'est si fort étendu sur ce sujet que par ce qu'il a été trop négligé par les autres voyageurs, qui ne l'ont pas regardé comme assez important, quoiqu'il soit réellement le plus digne des regards & de la curiosité d'un observateur; les grands de tous les pays se ressemblent à-peu-près, au lieu que les différences nationales ne se rencontrent jamais plus frappantes que dans la classe médiocre des habitants d'une contrée. Le temps précieux des voyages, employé de cette maniere, seroit incontestablement très-utile quoique peut-être moins agréable que de se promener sur les bords du Tage ou du Mincio, Horace ou Virgile à la main. Un voyageur historien qui, sans partialité, rend un compte exact des mœurs & des coutumes des pays qu'il a vus est utile à sa patrie: il est vrai que ce travail est au dessous de celui du bel esprit & des littérateurs d'un goût fin & délicat, mais on ne sauroit nier qu'un voyageur, tel que le nôtre, ne rende plus de service au public qu'un prétendu connoisseur en peinture qui crie partout au miracle & qui achette à grands frais un tableau, souvent gâté, du Titien, ou un antiquaire qui se croit trop heureux d'avoir recouvré une médaille informe & barbare, d'avoir diviné une inscription à demi-effacée ou enfin d'être venu à bout

de louer, de flatter, & d'égarer, & il n'y a pas un seul homme vivant qui n'ait eu de fortes raisons de s'en méfier: à préfent que j'ai examiné de sens froid le *tout enfemble* de mes lettres Portugaifes, & réfléchi pendant une heure fur l'effet quelles pourront produire fur la généralité des lecteurs, j'avoue que je ne fuis pas auffi fatisfait de ce *tout enfemble* que je l'ai été de chaque lettre en particulier, lorfque je les ai écrites par intervalle, & à vingt-quatre heures de diftance l'une de l'autre. J'ai quelque crainte que certains lecteurs ne les trouvent trop fatyriques, & ce qui feroit encore pire, qu'elles ne lui fiffent naitre des idées fur le compte des Portugais tout-à-fait oppofées à celles que je voudrois leur en donner.

Si chacune de ces lettres devoit être lue fans aucun égard pour le refte. Je fuis perfuadé que perfonne ne me foupçonneroit de caufticité, & de prévention contre les Portugais & contre leur pays. La défcription des mauvaifes Hôtelleries dans une

---

de deffiner quelques reftes de ruines antiques. Obferver la variété des mœurs, les effets du climat, de l'éducation &c. c'eft travailler plus utilement pour fes concitoyens que de leur rapporter une mode nouvelle, un nouvel air, ou un mets nouveau.

route peu fréquentée des Voyageurs, la rélation de la sottise d'un barbier, ou de l'impertinence d'une femme du commun, & d'autres rencontres de même espece, pourroit peut-être amuser pendant le peu de temps qu'on emploieroit à les lire, & ne laisseroient aucune impression après elles défavantageuse au Portugal & à la généralité de ses habitans. Chaque lettre prise en particulier ne produiroit d'autre effet que celui que les burlesque *Capitolo* ouvrage de notre poëte *Bernis* qu'il addressa à son ami le fameux *fracastor* pour ridiculiser *Settignano* (*Village du territoire de Verone*) a produit dans l'esprit de ceux qui l'ont lu. Tous riroient peut-être du sujet du tableau & de la gaîeté du peintre; ainsi qu'il en est arrivé du *Capitolo*: mais je ne me rassure point, en pensant que mes différentes narrations burlesques, prises toutes ensemble pourroient produire un effet tout contraire à celui que je me propose par mon ouvrage & ne placer au rang de ces Voyageurs chagrins & de mauvaise foi, qui dans les pays qu'ils d'écrivent ne cherchent que des prétextes à pouvoir les critiquer, & les ravaler.

Afin donc que mes lecteurs ne puissent pas se former de mes lettres (si je les publie, comme c'est mon intention) des idées plus défavorables des Portugais que celles que j'entends leur en donner, il est convenable de les avertir ici, qu'ils daignent observer, que quoique je censure & ridiculise plus souvent que je n'approuve & ne loue, ils ne doivent cependant pas se presser de conclure d'après mon témoignage que le Portugal & ses habitans soient indignes de son estime. Je n'ai que très-peu vu l'un & l'autre, & n'ai eu aucune occasion de connoître par moi même les gens du premier rang, ni ceux de la classe mitoïenne. En conséquence s'il se trouvoit quelqu'un parmi mes lecteurs qui fût porté à m'en croire sur ma parole, & à donner une foi implicite à mes lettres, qu'il contienne son imagination, & ne confonde point ces deux classes avec la plus vile. Le Cardinal *Acciaiolli* (qui est plus véridique que politique) & les gentilshommes de sa suite, qui ont peu de sujet d'aimer les Portugais, m'ont assuré, que parmi les gens tant du premier que ceux du second rang, il se trouve nombre des personnes estimables à *Lisbonne* : le peu que j'ai dit des hermites du *Couvent de Liége*, du Curé d'Arrayolos, du Concierge de *Villa Vizosa* & de quelques autres doit convaincre mes lecteurs que je ne cherche point à leur faire envisager le Portugal comme un pays entierement dénué de politesse & d'hospitalité. Je n'ai, je l'avoue pas grande idée de sa littérature, de ses arts, & de sa populace; mon mépris est la suite naturelle de mes observations, quoi quelles n'aient été que passageres, & superficielles. N'oublions pourtant pas, que les arts & la littérature ne sauroient jamais être beaucoup cultivées dans des pays (17) d'aussi peu d'étendue que l'est le Portugal; & quand à la populace de chaque nation, il y a toujours une différence considérable entre les mœurs d'une Capitale, & celles des provinces qui en dépendent. On observe dans toutes les grandes Villes des vices de toute espece, presque inconnus aux habitans des Bourgs, & des villages; cette réflexion doit servir d'antidote à celles que j'ai faites au préjudice des coquins qui me jeterent des pierres lors de ma promenade à la vallée *d'Alcantara*. Je suis sûr que pareille aventure ne pouvoit m'arriver que dans le voisinage d'une Capitale.

(17) Nous avons déja insinué dans quelques unes de ces notes que les arts & la philosophie commençoient à porter un peu de lumiere en Portugal. Tous les mouvements que se donne maintenant le Ministere de ce Royaume, pour l'établissement de plusieurs manufactures, en sont une confirmation. On cherche des ouvriers en France, en Angleterre, & jusques dans la Hollande.

J'aurois voulu qu'il m'eût été possible de visiter l'université de *Coimbre* (18) &

(18) Coimbre ou Conimbre, est une belle & grande ville à six ou sept lieues de la mer, & sur une éminence: elle est capitale de la Province de Beira très fertile & très-agréable; elle est le siege d'un Evêché, d'un tribunal de l'inquisition & d'une fameuse université. L'evêque est le plus riche du Royaume, ses revenus montant, dit on, à 400 ducats. Cette ville a donné naissance à six Rois de Portugal qui sont *Sanche* I, *Alphonse* II, III, & IV. *Pierre* & *Ferdinand*. On voit dans cette ville un grand nombre d'églises, de monasteres, & quelques autres édifices somptueux. Le pont est une chose digne d'attention, il est composé de deux rangs d'arcades l'un sur l'autre, tellement qu'on passe cette riviere par un chemin couvert. L'université fut fondée l'an 1290 par le Roi Denis I. elle fut transportée ensuite à Lisbonne, mais le Roi Jean III. la rendit à Coimbre l'an 1553, c'est pourquoi il en est regardé comme le fondateur. On croit communément que cette ville est la *Conimbrica* des anciens, mais un sçavant critique Portugais a fait voir que suivant les vieux itinéraires, ce nom ne convient qu'à Condeja qui est un peu plus avant que Coimbre vers le midi. Quoiqu'il en soit Coimbre a hérité de la splendeur & du nom de cette ville antique, & s'est élevée sur ses ruines. On y voit un fort bel aqueduc bâti par le Roi Sébastien, qui conduit l'eau derriere l'université dans un beau reservoir de marbre, d'où elle se communique au reste de la Ville.

A huit lieues de Coimbre on voit cette fontaine merveilleuse nommée *Feryencas*, qui quoiqu'elle n'ait guere plus d'un pied de profondeur engloutit tout ce qu'on y jette, arbres, animaux, pierres &c. On a fait plusieurs épreuves de ce miracle de la nature en divers temps.

le Royaume d'*Algarve* (19), dont il n'est presque fait mention que sur les monnoies

Dans le XVI. siecle le Roi Jean III. y fit jeter un cheval qui s'enfonça insensiblement dans l'eau & qu'on eut beaucoup de peine à retirer. Plusieurs années après, le Cardinal Henri en fit l'épreuve sur un arbre coupé qui fut englouti entierement & disparut pour jamais. Ces deux épreuves sont rapportées par des auteurs dignes de foi qui avoient été témoins oculaires du fait. Cette fontaine étoit déja remarquable & célebre dans l'antiquité, selon le témoignage d'un auteur Romain.

(19) La Province d'Algarve a été au pouvoir des Maures pendant 536 ans. Alphonse III. Roi de Portugal la leur arracha au milieu du XIII. Siecle. Ce Prince fut le premier qui en prit le titre de Roi ; auparavant elle n'a-voit que le nom de Comté. Il y a eu un grand nombre de demêlés entre l'Espagne & le Portugal à l'occasion de cette riche province, mais elle est restée au dernier Royaume par droit de conquête. Le nom d'Algarve se donnoit du temps des maures à une étendue de pays beaucoup plus grande que celle de l'Argarve Portugaise. Car, selon M. le Quien de la Neuville [*Histoire génér. de Portugal*.] Ce pays contenoit beaucoup de terres en Espagne & en Afrique. Celles du côté d'Espagne s'étendoient depuis les côtes du cap St. Vincent jusqu'à la ville d'Almciria & l'on y comptoit un grand nombre de villes & de chateaux. A ce compte, outre le pays qui porte aujourd'hui le nom d'Algarve on renfermoit encore l'Andalousie & une partie du Royaume de Grenade. Les terres du côté de l'Afrique comprenoient tout ce qu'il y a depuis le détroit jusqu'à Trémecin où sont situés les Royaumes de Fès de Ceuta, de Tanger, c'est-à-dire toute la côte de Barbarie qui est à l'opposite de la Grenade & de l'Andalousie. De la

de Portugal. La relation de ce Royaume & de cette université, s'il y en avoit une, m'auroit peut-être donné des idées plus avantageuses des Portugais. Je souhaiterois aussi qu'il m'eut été possible sans déranger mon plan de voyage de pouvoir parcourir les bords du *Minho*, & du *Douro*, d'y séjourner quelque temps, pour y examiner soigneusement les mœurs & les coutumes de ceux qui boivent de leurs eaux. Mais à quoi servent les souhaits impuissans! quand on n'est pas assez riche pour pouvoir satisfaire sa curiosité & celle de ses amis? néanmoins puisque je suis en train de souhaiter, je souhaiterois encore qu'il se trouvât par la suite un Voyageur, qui ait assez de temps, d'argent, & de sagacité, pour pouvoir visiter cette partie de l'Europe, & en donner une rélation plus ample & mieux cir-

vient que les Rois d'Espagne se disent Rois d'Algarve, sans que les Rois de Portugal puissent s'en plaindre, puisque les premiers possèdent une grande partie de l'ancienne Algarve.

L'Algarve est fertile principalement en fruits & en vins. Toute la partie méridionnale est couverte de vignobles & de bois de figuiers & la mer est féconde en différens poissons fort délicats. Les vaisseaux étrangers y vont charger d'excellent vin, des figues, des raisins secs, des amandes, des thons, &c. qu'on transporte dans les pays du nord.

conftanciée que la mienne. Le monde littéraire eft privé jufqu'à préfent de bons renfeignemens fur un pays, dont la Capitale même n'a pas encore été décrite.

LETTRE XL.

Esquiffe des aventures d'une Dame. Venez voir la montre. Poëfie Talaverolanne.

Talaverola, 23 Septembre 1760.

M*Erofio* eft venu ce matin de bonne heure me voir, & m'a très-exactement informé de tout ce qui lui eft arrivé, depuis que nous nous fommes quittés à *Milan*, & des différentes circonftances qui l'ont enfin conduit à Badajoz à la fuite du Cardinal *Acciaiolli.* Outre fes aventures il m'a encore raconté celles de fa femme, qui eft une Angloife qu'il a époufée à Lisbonne il y a quelques années. J'avois effectivement entendu parler d'elle au Caffé Anglois de cette Ville, mais je ne foupçonnois point qu'elle fût la femme de mon ami, fon nom ayant été défiguré par ceux qui parloient d'elle. Il paroit que c'eft un être furprenant. Elle a vu les quatre parties du monde, & parle plusieurs langues, entr'autres celle des Indiens des environs de *Goa*, où elle a resfidé en qualité de Dame d'honneur de l'infortunée Vice-Reine, la Marquise de *Tavora* décapitée à *Lisbonne* en même temps que le *Duc d'Aveiro*. Elle avoit aussi été au *Japon* avec son premier mari, qui étoit un Médecin Hollandois, qu'elle avoit épousé à Batavia; il n'y a que peu de temps qu'elle a été rachetée d'un long esclavage, & qu'elle passa de *Maroc* à *Gibraltar*, dans le vaisseau Anglois, qui avoit été chercher en *Barbarie* plusieurs captifs de sa nation, restés du naufrage de l'année passée (si je ne me trompe) du Vaisseau de Guerre le *Litchfield*. Madame *Merosio* avoit été prise trois ans auparavant dans un navire Portugais par un Pirate de Salé, & auroit vraisemblablement passé toute sa vie dans l'esclavage, si elle n'avoit pas été Angloise. Comme telle, elle fut achetée avec l'équipage du *Litchfield*. Bientôt après qu'elle eut été vendue à *Maroc*, elle devint la confidente d'une Sultane favorite de ce pays, & resta assez long-temps avec elle pour apprendre la langue. Elle a écrit de *Gibraltar* à son mari, que les présens qu'elle avoit reçus de sa maîtresse lorsque celle-ci fut forcée de s'en séparer, étoient plus que fuffifans pour pouvoir vivre fans rien faire tout le refte de leurs jours. Il l'a priée de prendre la route d'Italie, & de l'attendre à *Gênes* ou à *Milan*. L'histoire de la vie de cette femme, feroit un beau Livre, & fi je la rencontre quelque part en Italie, je veux l'encourager à la publier, & lui offrir mes fervices pour la compofition de cet ouvrage.

Le Cardinal m'a obligeamment engagé à lui faire une promeffe, que je tâcherai de tenir, qui eft de lui faire vifite lorfque nous ferons tous rendus du bon côté des Alpes. (20) J'étois véritablement fâché de laiffer ce Prélat dans un lieu, qui doit à plufieurs égards être très-defagréable pour un homme qui a fon génie, fes manieres, & une humeur auffi fociable. J'ai pris congé à environ une heure après-midi du Cardinal, de mon ami, & de la patrie de *Paolita* avec un cœur fincérement contrit, & après deux heures de marche, j'ai traverfé un torrent nommé *Guadixa*. Je n'ai vu aujourd'hui dans une efpace de trois lieues qu'un feul *Hameau*. Le Village de *Tala-*

―――――
(20) Je me fuis acquitté de cette promeffe en 1765, & j'ai paffé quelques mois avec lui à *Ancône*. Il eft mort peu de temps après mon départ, univerfellement regretté, à ce que m'écrivent mes amis de cette Ville. [*Note de l'Auteur.*]

verola où je me trouve actuellement est peu considérable ; l'unique objet qui y ait attiré mes regards, est une inscription laconique placée au dessus de la porte de la *Posada*. *Meson par los Cavalleros*. (Hotellerie pour des Cavaliers) elle seroit plus juste si elle disoit *por los Muletteros*, (pour les Muletiers). Elle paroît cependant un palais enchanté bâti par *Armide* pour *Renaud*, quand on la compare aux *Estallages*.

Comme je m'amusois devant cette *Meson* en attendant le souper, une bande de pauvres petites filles s'occupoient à regarder l'étranger. Je leur ai demandé leurs noms, & leur ai fait quelques autres questions aussi importantes ; en même temps j'ai tiré par hazard ma montre, l'un de ces enfans l'ayant vue m'a demandé ce que c'étoit. *Un relox* (lui ai-je dit) *que me dize las horas*. (une montre qui m'apprend l'heure) *Habla el relox!* a répliqué la petite fille. La montre parle-t-elle ? Regardez, ma chere, lui ai-je dit, vous voyez bien cette éguille, lorsqu'elle est sur cette marque, il est *une* heure, lorsqu'elle est sur celle-ci il en est *deux*, & ainsi de suite. Mais comment l'éguille, a dit la petite, chemine-t-elle d'une marque à l'autre, & vous apprend-elle l'heure que vous ignorez ? La question étoit un peu embarrassante, je ne savois trop quelles expressions j'emploierois pour contenter sa curiosité, voulant m'épargner la peine d'une longue explication, qui pouvoit finir par être peu claire, j'ai mis la montre contre son oreille; & lui ai fait observer son mouvement intérieur. Vous ne sauriez vous représenter qu'elle a été sa surprise en l'entendant. Jamais étonnement n'a été mieux exprimé. Toutes ses petites amies ont voulu à leur tour que j'appliquasse la montre contre leurs oreilles; il étoit très-amusant de voir l'effet que ce bruit produisoit sur elles. Hors d'état de cacher l'étonnement que causoit ce petit bruit, elles ont couru le long des rues, ont appellé les autres enfans du Village, & les ont tous amenés autour de moi pour voir & entendre *relox del cavallero* (la *montre du Cavalier.*) Heureux le petit garçon ou la petite fille qui a pu, à la faveur de ma courtoisie royale, l'entendre deux fois. Qui auroit jamais cru que j'eusse pu, si facilement & à si bon marché, les rendre tous heureux au moyen d'une chose de si peu de valeur que je portois sur moi! plusieurs hommes & plusieurs femmes, attirés par le bruit que faisoient ces petites créatures, m'ont pris pour un respectable *Hidalgo* à la simple vue de ma montre. J'ai passé de cette manière envi-

environ une heure, enchanté de leur furprife & de leur joie innocente. Jugez à préfent de la proportion qu'il y a entre les connoiffances de Londres, de Paris, ou de Rome, & celles du Village de *Talaverola* dans l'Eftramadoure Efpagnole.

En rentrant dans l'Hôtellerie, & faifant la revue des meubles, j'ai apperçu dans un coin un tronc cloué à la muraille, au deffus duquel étoit cette infcription.

O tu honrado Cavallero
Quellegais à efte Mefon,
Da un ochavo à las almas,
Y ponlo en efte Cajon
Mira que la obra esbuena
Del divino Confiftorio,
Y lo admite de mano agena
Para que falgar de pena
Las almas del Purgatorio.

„ Ce qui fignifie; vous noble Cavalier,
„ qui arrivez dans cette Hôtellerie, donnez
„ une Ochave aux âmes, & mettez la dans
„ ce tronc. Remarquez que cette action
„ fera agréable au Confiftoire célefte, &
„ il eft féant & digne de la libéralité de
„ tout étranger de délivrer de peine les
„ âmes du purgatoire."

Il n'y a point ici d'Horlogers, dis-je en

moi-même; mais il y a des poëtes, & avec cette réflexion je prends congé du *Pindare* des bords de la *Guadiana*, ou du poëte *Talaverolien*. Donnez-lui le nom que vous voudrez.

LETTRE XLI.

Ennui de l'uniformité. Léandres. Graine de melon. Le Général Muza.

Merida, 26 Septembre 1760.

LE Spectateur Anglois nous conseille de tenir un journal détaillé de toutes nos actions, afin qu'en le relisant peu après, nous puissions voir comment le temps s'est écoulé, que nous soyons honteux de la maniere dont nous l'avons employé, & que cela nous engage à en faire un meilleur usage par la suite.

Eh bien de tous ceux qui ont eu connoissance d'un conseil aussi salutaire, aucun ne l'a peut-être jamais suivi. On pourroit en donner plusieurs raisons. La meilleure selon moi, est qu'un pareil journal seroit très uniforme, & que l'uniformité est fatigante. La premiere page ressembleroit à la seconde ; parce que les hommes en général font aujourd'hui, & feront demain ce qu'ils ont fait hier & avant-hier. Il se trouve très-peu de gens dont les vies soient assez variées pour fournir un passage subit des actions d'une espece à d'autres totalement différentes : écrire, & lire toujours les mêmes choses ne serviroit qu'a redoubler l'ennui attaché à l'uniformité.

Le dégout qu'elle inspire est pourtant une des preuves non équivoques d'une sage Providence ; si l'homme n'étoit pas éguillonné par l'aversion invincible qu'il a pour elle, il croupiroit certainement dans l'oisiveté, & se contenteroit de pourvoir à ses besoins les plus pressants. A peine voudroit-il songer à ceux du lendemain. Notre aversion pour l'uniformité nous fait détester une prison par dessus toutes choses ; parce que l'on y passe sa vie d'une maniere beaucoup plus uniforme que partout ailleurs. Pourquoi souhaitons nous tous continuellement de voir augmenter nos richesses ? N'est-ce pas parce que nous savons que les richesses nous procureront les moyens les plus propres à diversifier la vie ? Il est certain que tous nos efforts tendent à ce seul but, & je crois que tous les hommes voudroient, s'ils le pouvoient employer une partie de leur vie à Voyager, parce qu'ils s'imaginent que les Voyages procurent une grande variété ; mais moi qui ai souvent Voyagé il s'en manque de beaucoup que je pense comme eux.

Que fais-je actuellement ? la même chose que j'ai faite depuis si longtemps ? Je sors de bon matin d'un mauvais lit, j'entre dans ma chaise, je suis en chemin jusqu'à midi, j'en descends & je dine ; j'y rentre ensuite, je continue ma route jusqu'au soir que je la quitte. Je soupe, & me mets dans un autre mauvais lit (21). Je n'ai

(21) Tant que les voyageurs parcourront les espaces intermédiaires des villes dans une chaise de poste bien fermée, qu'ils descendront pour diner, qu'ils mangeront rapidement & en silence une mauvaise soupe dans une auberge, qu'ils remontront ensuite dans leur chaise, & qu'ils gagneront à la hate une autre hotellerie où ils arriveront à la nuit, qu'ils souperont dans leur chambre, & que le lendemain dès le point du jour ils recommenceront une course pareille, il est bien sûr que les voyages leur paroitront d'une uniformité insuportable, qu'ils n'en retireront ni utilité ni plaisir, & qu'il vaudroit autant pour le public qu'ils restassent chez eux. Ce n'est point un palais que l'on rencontre par hazard & dont on donne une description boursoufflée, une ville dont on voit un instant les maisons & les rues & que l'on se mêle de décrire, un propos que l'on entend souvent de travers & que l'on rend de même, enfin mille bagatelles de cette espece qui mériteront à un voyageur le titre honorable d'observateur & d'homme utile. Mais au lieu de glisser & de vo-

ni plus d'entretien, ni ne vois pas un plus grand nombre d'objets que lorsque j'habitois

Ier, pour ainsi dire, sur la surface des pays qu'il semble fuir, que le Voyageur ose braver les injures du temps; qu'il marche à pied & à petites journées; que son œil, ouvert par la curiosité, s'arrête sur tout ce qui s'offre à ses regards; qu'il interroge; qu'il apprenne à force de questions les usages, les coutumes des lieux où il passe; qu'il ne dédaigne pas d'entrer sous l'humble toit des cultivateurs éloignés; qu'il se mette au fait, dans leurs entretiens simples & vrais, des vices de l'administration que ces malheureuses victimes sçavent souvent mieux apprécier que le politique qui en raisonne froidement au coin de son feu. Qu'il s'écarte quelquefois des routes & des grands chemins où les hommes doivent se ressembler tous, par le grand concours d'étrangers qui les fréquentent, & par l'intérêt qu'ils ont d'être dissimulés; qu'il s'occupe moins, dans les remarques qu'il fait, des ornemens de l'art que des productions de la nature; qu'il s'arrête à la vue d'un beau paysage, qu'il s'arrete également au pied des roches escarpées dont l'aspect épouvante, qu'il s'arrête encore dans ces terres tristes & stériles, dont la nudité fait naitre une impression d'horreur & de mysantropie. C'est souvent dans ces lieux que la nature offre à des yeux attentifs ce qu'elle a de plus rare: enfin que tout soit pour lui des sujets d'observation, & que rien ne paroisse petit à ses yeux. Nous avouons que si le Voyageur n'est pas en même temps Physicien, Botaniste, Architecte, Politique, exempt de préjugés enfin Philosophe, une telle maniere de voyager ne lui conviendra point, & qu'il aimera mieux me rendre compte d'un bal, d'un repas, d'un clocher, d'une aventure de cabaret, que des plantes indigenes, des mœurs

E 3

l'immense Capitale de l'Angleterre, où on pourroit vivre cent ans, & voir tous les jours plusieurs choses qui paroîtroient nouvelles à ceux mêmes qui sont le plus accoutumés à changer d'objets.

Un des expédiens qui m'a paru propre à diminuer le plus qu'il étoit possible cette uniformité a été celui d'écrire une relation exacte du présent voyage; mais parmi les différens inconvéniens dont il est susceptible, en voici un qui me tourmente, c'est que je peux à peine m'empêcher de commencer toutes mes lettres par ces mots. *Ce matin*: pour éviter une uniformité si dégoutante il me faut avoir recours à toutes sortes de ruses. Tous les soirs je mets mon esprit à la torture, & j'emploie différentes fleurs de Rhétorique tant en votre considération que pour ma propre satis-

---

Villageoises, des sites particuliers!, enfin de tout ce qui peut faire connoître la différence d'un Royaume à un autre. C'est la raison pour laquelle, de tant de Relations & de descriptions, presque toutes se ressemblent. Voyageurs monotones! faut-il donc vous apprendre que les hommes, rassemblés dans les villes & communiquant les uns avec les autres, doivent être à peu près partout les mêmes & que ce n'est que dans les provinces éloignées, les campagnes & les déserts, que vous dédaignez, que se remarquent les nuances nationales, seul objet vraiment digne des regards d'un observateur éclairé.

faction. Quelquefois elles sont recherchées; d'autres fois elles sont naturelles; recherchées ou naturelles je ne saurois dans ce moment m'empêcher de vous dire que je suis part ce matin de *Talaverola* à huit heures, & que je n'ai fait, dit, n'y vu la moindre chose de toute la journée, qui ait pu me délasser d'une fatigante uniformité. J'ai seulement remarqué que le *Léandre* (*le laurier rose*) que l'on cultive avec tant de soin dans nos jardins d'Italie à cause de la beauté de sa fleur, croit sans culture sur les bords de la *Guadiana*. Ensuite de cette observation peu importante, je vais vous en communiquer une autre qui ne l'est pas davantage, savoir que vers le midi nous nous sommes assis Baptiste, les *Caleseros* & moi sur les rives de cette riviere, pour manger le diné que nous avions apporté avec nous, attendu qu'il ne se trouve aucune habitation entre *Talaverola* & *Mérida*, quoiqu'éloignées de six lieues l'une de l'autre, à l'exception d'une seule nommée *Lobon*, j'ay déja oublié si c'étoit une hôtellerie ou un hameau.

Environ sur les huit heures du soir nous sommes entrés dans cette Ville de *Mérida* par un pont presque comparable à celui de *Badajoz*. Il y a peu de rivieres en Europe qui puissent se vanter d'avoir deux aussi beaux ponts que ceux qui décorent la *Guadiana*, près de *Talaverola* nous avons achetés quelques melons d'un paysan, qui se sont trouvés comparables aux meilleurs *Canteloups* de la Romagne, aux *Malamoccos* des environs de Venise, aux *Caravaggios* de Lombardie, ou aux *Cambiagnos* de Piémont: c'est encore là une de nos actions indifférentes du jour. J'avois ordonné à Baptiste de conserver la graine, que je me proposois de semer à mon arrivée au logis; afin de contribuer, de ma *pite*, à la propagation des bonnes choses de ce monde, mais l'étourdi l'a oublié, & la jettée.

Je viens de faire un tour dans les rues de *Merida*. Le Pere *Mariana* dit dans son histoire d'Espagne, que *Muza* Général de *Maroc*, ayant vu cette Ville à une certaine distance eut une envie déméfurée de s'en rendre maître, ce qu'il effectua par stratageme, de la maniere suivante. Les habitans se défendoient avec la plus grande obstination sachant qu'il étoit vieux, & espérant qu'il ne tarderoit pas à mourir, & que par conséquent le siege seroit levé. Le Général Muza teignit ses cheveux blancs en noir, ensuite il leur fit dire qu'il souhaitoit traiter avec eux, & mettre fin au siege. Ils se conformerent à ses intentions;

tions (22); mais leurs députés le voyant rajeuni, furent si fort effrayés qu'ils conseillerent à leurs compatriotes de se rendre.

Je crois que *Mérida* a pû être autrefois une place formidable lorsqu'elle portoit le nom d'*Augusta Emerita*, & étoit capitale de *la Lusitanie*; mais le temps l'a changée & elle ne l'est plus. On y trouve plusieurs antiquités comme ayant été Colonie florissante des Romains. Les habitans de Mérida paroissent faire peu de cas de ces vestiges, & ne laissent pas d'en être glorieux. Du moins le *Posadero* me parut penser ainsi. Il est ce qu'on nomme en Espagnol. *Un agradable hablador*, (Un beau diseur.) il m'a assuré que leur pont même étoit un ouvrage des Romains. Je n'ai pas le temps de vérifier cette assertion; mais c'est réellement un superbe pont, long, spacieux, & tout en pierres de taille.

---

(22) *Abulcacim Tarif Abentarique*, contemporain de *Muza*, dans son histoire Arabe du Roi Rodrigue, traduite en Espagnol par Michel de Luna, ne fait aucune mention de ce stratageme, quoiqu'il fasse une mention particuliere de ce siege, & en décrive plusieurs particularités. La traduction de Deluna a été imprimée pour la quatrieme fois à Valence en 1646. J'en parlerai ailleurs. *Note de l'Auteur.*

LETTRE XLII.

Colonel singulier & Curé poli. Petits garçons & petites filles sautant pour des quartillos.

Meaxaras (ou Miajadas); 27 Septembre 1760.

LORSQUE je vous aurai appris que je suis dans un Village, qui contient à peine quatre cents personnes, vous conclurez sur le champ que ma lettre d'aujourd'hui sera pour le moins aussi insipide que celle d'hier. Je souhaiterois n'avoir que des choses intéressantes à vous dire: Mais observez, je vous prie, que je voyage sans m'arrêter à travers d'un pays très-peu peuplé, & qu'on ne peut pas dire beaucoup quand n'y a que peu de chose à voir. Cependant cette lettre sera moins ennuyeuse que la précédente.

Ce matin, (je ne saurois éviter cette expression) nous avons traversé de bonne heure la partie orientale du territoire de *Mérida*, qui est assez fertile en plusieurs endroits, & nous nous sommes arrêtés dans un hameau nommé St. Pierre, qui est à environ deux lieues de cette Ville, nous y avons dîné quoiqu'il ne fût que neuf heures, parce que nous étions furs de ne plus trouver d'habitation depuis là jusqu'à *Meaxaras*, qui est distante de cinq grandes lieues de *St. Pierre*.

Tandis que nous étions occupés à dégager un gros melon de *Mérida* de son écorce (dont les graines seront surement conservées) un vilain Caroffe, traîné par deux rosses, est entré dans la *Posada*. Il contenoit un vieux Gentilhomme, Colonel d'un Régiment de Cavalerie nommé *De la Reine*. Il étoit précédé par une demie douzaine de ses Cavaliers. Dès qu'il a eu mis pied à terre il est entré dans la chambre où je dînois avec mes gens, c'est-à-dire Baptiste, & mes *Caleſſeros*. Je me suis levé, je lui ai offert une chaise, & l'ai invité à partager mon dîné, qui n'étoit pas trop mauvais ; les perdrix, & les autres éspeces de gibier étant très-abondantes dans ces déserts, et pouvant s'achepter des paysans, ou des *Posaderos* à très-vil prix. Mais le Colonel avoit de l'humeur, il m'a froidement remercié, m'a tourné le dos, est allé dehors attendre que je m'en fusse, pour pouvoir se mettre en possession de la chambre, qui est la seule qu'il y ait dans la *Posada*. Ensuite s'impatientant, à

E 6

ce que je m'imagine, il a couru à l'écurie; & cherchant à faire quelque chose qui témoignât son dépit. Il a ordonné qu'on en chassât sans delai mes quatre mules, pour faire place à ses deux rosses & aux chevaux de ses Cavaliers. Il est heureux qu'il s'en soit tenu là, & qu'il n'ait pas aussi pensé à me chasser de la chambre. S'il s'en étoit avisé, & qu'il eût commandé à ses guerriers de l'investir, je me serois certainement rendu à discrétion, aussi bien que Baptiste, étant tous deux peu versés dans l'attaque & la défense des places. Il s'est contenté de décharger son indignation contre les mules. Je voudrois que vous fissiez attention comment l'adresse dans cette occasion a triomphé de la force. Les quatre bêtes ont certainement dix, & même vingt fois la force, & celle de ses mirmidons joints ensemble: elles ont pourtant été forcées à faire retraite dans la Cour, quoique les *Calasseros* fussent empressés à prévenir ce guerrier, d'un air soumis quelles avoient dans l'instant *accabada la cevada* (fini de manger leur paille hachée) & que le *Cavallero* (parlant de moi) alloit partir dans trois minutes. Cela ne se feroit pas passé de même en Angleterre; le commun peuple y est un peu moins subordonné aux Colonels & aux Généraux que celui d'Espagne. Un *Yago* Anglois, ou un *Dom Manuel* Gallois auroit en pareille occasion montré le poing au vieillard chagrin, & ses soldats n'auroient pas plus pensé à toucher aux mules qu'à les manger. Mais chaque pays a ses usages, bons ou mauvais, auxquels il faut se conformer.

Mes pauvres conducteurs trembloient de frayeur, ils sont accourus pour me dire qu'ils avoient cédé, & me prier de me sauver sur le champ des mains de ce formidable ennemi des mules. Mais ayant vû de la fenêtre le Régiment entier s'avancer vers la *Posada*, & désirant le considérer à mon aise, je les ai prié de prendre les devants en avançant lentement, & de m'attendre à quelque distance. Le Régiment est réellement très beau, composé de beaux chevaux, & de beaux hommes, tous bien armés, & très-bien disciplinés.

Ayant satisfait m'a curiosité, & regardé quelques femmes d'officiers qui suivoient en chaises, & étoient descendues à la *posada*. J'ai été rejoindre mes timides *Calesseiros* & continuant notre voyage au travers d'un désert, nous sommes arrivés le soir fort tard à *Meaxaras*. Ici j'ai soupé me conformant à cette inévitable uniformité dont je vous ai parlé hier. Ensuite j'ai été me promener dans le village. J'ai

E 7

apperçu les ruines d'un Château, j'ai dirigé mes pas de ce côté. J'ai trouvé près de ces ruines un Ecclésiastique assis sur une pierre, absolument seul. Je l'ai salué, il m'a salué. *Criado de usted senor Cura: Criado de Usted Cavallero* (*votre serviteur Monsieur le Curé, votre serviteur M. le Cavalier.*) Je vous prie quelles sont ces ruines ? Celles d'un Château maure, m'a répondu le curé d'un air affable; & sans autre cérémonie, il a commencé à me faire l'histoire de cet édifice, m'en a appris la fondation & la chûte avec la plus grande volubilité de langue que j'aie jamais entendue, à ma grande satisfaction. Je voudrois rencontrer souvent des gens de cette espece dans la suite de mon voyage. Nous nous sommes quittés après une heure entiere de conversation au sujet des Maures, qui avoient été pendant un temps très puissants dans cette province d'*Estramadoure Espagnole*. Il pense qu'un petit nombre de leurs descendans se tient encore caché en différens endroits de la province, vivant extérieurement comme s'ils étoient Chrétiens, mais pratiquant secrétement le Mahométisme. Cependant, a-t-il ajouté la crainte qu'ils ont d'être découverts a toujours été si forte, depuis l'édit qui les bannit en 1610. que n'osant parler Arabe même entr'eux redoutant d'être entendus, ils l'ont absolument oublié, aussi bien qu'une partie de leurs cérémonies religieuses, leur religion ne tardera pas non plus à périr d'elle même, & nous serons tous avant qu'il soit longtemps *Christianos Viejos*, (22) vraisemblablement cela arrivera avant la fin du siecle prochain. S'il m'étoit possible de visiter les routes moins fréquentées du Royaume de *Grenade* & de *l'Andalousie*. Je prendrois des informations plus exactes sur ces *Moresques* & sur ce qu'il en reste par les monuments qu'ils ont laissé épars dans toute cette Monarchie, ils paroissent avoir été un peuple recommandable.

Comme il faisoit un beau clair de lune, je me suis promené encore un peu dans le village après que j'ai eu quitté le bon Curé; en tournant un coin de rue j'ai rencontré quelques hommes & quelques femmes assis sur des bancs, s'entretenant amicalement, & prenant le frais, tandis que plusieurs enfans des deux sexes jouoient, & folâtroient au milieu de la rue; *Machacitta* ais-je dit à une petite fille assez gentille qui

---

(22) *Vieux Chrétiens*. C'est un titre que les Espagnols se donnent, pour apprendre aux autres peuples qu'ils ne sont point descendus des Juifs & des Maures, lesquels sont appelés lors qu'ils se convertissent *Christianos nuevos* nouveaux Chrétiens.

ma fait d'elle même une révérence: voulez-vous m'indiquer le chemin à la *Posada* de *Tia Morena*? Dans ce pays on donne le nom de Tia (Tante) à toutes les vieilles femmes du commun. Tournez ce coin, m'a dit la petite fille, c'est la seconde maison à gauche. Tenez, prenez, ceci pour votre peine lui ais-je dit, en lui donnant une piece de monnoie.

Ses camarades me voyant payer sa réponse, m'ont entouré *Senor, Senor, da me un quartillo tambien*, donnez moi aussi *un quartillo*? J'ai distribué tous ceux que j'avois, & chacun en auroit eu un si leurs cris n'avoient pas attiré plusieurs autres enfans du voisinage qui se sont mis à dire à leur tour *y a mi tambien, senor, y a mi, y a mi*. L'un me tiroit par l'habit, l'autre me saisissoit par la main, ou par le bras, celui ci me donnoit une épitete flatteuse, celui là une autre. Voyant que je n'avois pas assez de monnoie pour leur en faire part à tous, je leur ai dit qu'il ne m'en restoit plus mais que j'en trouverois d'autre s'ils vouloient m'accompagner chez *Tia Morena*. Vous pensez bien que je n'ai pas parlé à des sourds? Au contraire, ils ont tous donné des signes de leur satisfaction à l'ouie de ma proposition, & je me suis rendu, escorté, chez la *Tia*; elle avoit entendu le bruit de loin & trembloit de frayeur, Baptiste qui avoit distingué ma voix au milieu d'une cinquantaine d'autres s'étoit imaginé que je m'étois attiré quelque affaire fâcheuse, & a couru chercher son couteau de chasse. J'ai appellé la *Tia* d'une voix impérieuse, & lui ai ordonné de m'apporter sur le champ tous les *Quartillos* qu'elle avoit dans son tiroir ; ensuite poussant les filles & les garçons pêle-mêle dans la Cour, j'ai commandé à deux grands drôles de fermer la porte, & de ne laisser que le guichet ouvert pour que mes petites marionettes pussent sortir l'une après l'autre, leur défendant d'en laisser rentrer aucune ; ces enfans m'ont pressé & entouté de tous côtés pour avoir un *Quartillo*, tous vouloient être les premiers à le recevoir, mais faisant signe à l'un d'eux d'approcher, qui es-tu ? lui ais je dit, d'une voix tonnante. *Yo soy Philipito. Salta y grita Viva & Rey: saute, & crie vive le Roi.* Le petit Philippe a sauté, a crié, a eu un quartillo, & est sorti par le guichet. Qui es-tu ? *soy Teresisa, soy Maffia, soy Pepito, soy Antonieto, soi* celui-ci, & je suis celui-là (*soi* signifie je suis) *salta y grita.* Ils m'ont tous dit leurs noms les uns après les autres, tous ont sauté & tous ont crié *Viva*

Tome II.

& Rey, & tous ont été succeſſivement renvoyés avec chacun un *Quartillo*, du moins les garçons: quand aux filles, particuliérement les plus grandes, j'ai quelque idée qu'elles en ont eu plus d'un. Hélas! eſt-il poſſible de conſerver ſon impartialité lorſqu'on eſt tenté par de jolies filles? ce n'eſt pas une qualité innée dans l'homme que l'impartialité ſurtout quand le beau ſexe ſe trouve intéreſſé dans quelque affaire.

Il en ſera ce qu'on voudra: mais jamais depuis que *Meaxaras* a été ainſi nommé par les Maures dans les jours *d'Alderhamen* ſes habitans n'ont paſſé une nuit plus agréable que celle-ci. Le tintamare a été conſidérable, & la quantité des oreilles des filles & des garçons que j'ai tirées, n'a pas été petite, les petits coquins ſe gliſſoient entre les jambes des hommes qui gardoient le guichet, rentroient pour un nouveau ſaut, pour un autre *Viva*, & un autre *Quartillo*. J'en ai pris pluſieurs ſur le fait, ils prétendoient qu'ils ne faiſoient que d'entrer, & n'avoient pas eu encore leur part, mais il n'étoit pas difficile de découvrir ſur le champ ceux qui mentoient, parce qu'en leur demandant ſubitement leurs noms, ceux qui l'avoient déja dit, ne pouvoient pas dans l'inſtant en imaginer un autre; dès qu'ils hésitoient je les saisissois par les oreilles, je les leur tirois, & les faisoit crier comme de petits cochons de lait. Il est vrai que par un foible pour les filles je ne leur faisois pas grand mal, & même que je leur glissois un *Quartillo* dans la main tandis que je les tenois par l'oreille; ce qui n'empêchoit pas que les méchantes petites créatures ne criassent comme si je les avois écorchées, & quelles ne cachassent ainsi aux petits garçons la différence que je mettois entre les sexes. Sur mon honneur, vous auriez été étonné de leur sagacité, & de la facilité avec laquelle elles saisissoient mon idée. Quelques unes même serroient la main de leur bienfaiteur, le regardoient d'un air gracieux, le tout sans cesser leurs cris : faut il tout vous dire ? Il y en eut une dans le nombre qui a reçu plus de *Dix Quartillos* à la fois, & cela uniquement parce qu'elle se nommoit *Paolita*. Ce nom avoit trop de charmes, en l'entendant prononcer pouvois-je n'être pas partial ?

Tous les *quartillos* étant enfin partis, je les ai congédiés en les exhortant à être bons enfans, & la fête a fini par une acclamation générale à l'honneur du *Cavallero*. Tous s'en sont allés beaucoup plus satisfaits de la maniere, que de la chose même, & moi j'ai eu suivant ma coutume recours à ma plume & à mon écritoire.

LETTRE XLIII.

Monceaux de pierres avec des Croix. Maniere singuliere de composer des inscriptions. Brave fille Angloise.

Truxillo 27 Septembre 1760.

LE peu de soin que l'on prend dans ces Provinces des grands chemins, m'auroit mis en péril de me rompre le cou, si je n'avois pas souvent mis pied à terre pendant les six lieues qui sont entre *Meaxaras* & cette ville. Il seroit pourtant facile de les raccommoder & de les rendre durables selon moi à peu de frais; le terrain se trouvant partout sec & ferme. *Truxillo* (anciennement *Turris Julia* (23) a un fort

---

(23) Pline l'appelle *Castra Julia* elle étoit alors une colonie de l'ancienne Lusitanie du ressort de *Narbo Cæsarea* aujourd'hui *Alcantara*. Elle porte le titre de cité dont l'honnora Jean II. l'an 1431. C'est la patrie du fameux François Pyzare, marquis de las Charcas qui a découvert & conquis le Perou. Les Espagnols reprirent cette ville sur les Maures vers le milieu du XIII siecle. A cinq ou six lieues de Truxillo vers l'ouest en traversant une Campagne inégale & pierreuse on trouve Guadeloupe. Entre ces deux villes est un très-petit bourg nommé Madrigalejo

bel aspect vu à une certaine distance; il est situé sur un terrein élevé, lorsque l'on y est entré on ne le trouve plus si agréable. Les rues en sont mal pavées avec des pierres à feu brisées, & les maisons en sont irrégulieres & fort basses.

A une portée de trait de la porte par laquelle je suis entré, se trouvent plusieurs monceaux de pierres très-mal cimentées avec du mortier, dispersées sans ordre aux deux côtés du grand chemin, on avoit placé sur chaque monceau une croix de bois. Je m'imagine que les habitans de Truxilllo ont plus de dévotion à la croix que leurs voisins, puisqu'ils ont plus de trente de ces croix devant cette porte. Peu de maisons ont des vitres à leurs fenêtres; mais seulement des volets, à la maniere des villes de Province du Portugal.

Au dessus de la porte opposée à celle par laquelle nous sommes entrés, j'ai passé une

célebre par la mort de Ferdinand le Catholique. On raconte que ce Prince foible & superstitieux à qui des astrologues avoient prédit qu'il mourroit dans Madrigal, ville de la Castille, ne voulut jamais mettre les pieds dans cette ville, & que trainant sa mélancolie de lieu en lieu, il vint mourir, sans y prendre garde dans le village de Madrigalejo; dont le nom est assez semblable pour faire voir que la prophétie s'est accomplie sur ce malheureux Prince.

demie heure pour tacher de déchifrer une inscription qui est sur une arcade je n'ai pu y parvenir. L'arcade & l'inscription sont toutes deux modernes. Les abréviations dont on s'est servi pour cette dernière sont d'un goût fort extraordinaire. L'auteur a peut être pensé imiter celle des anciens Romains; mais la différence qu'il y a entre les anciens Romains & les *Truxiliens* est à peine aussi sensible que celle qui est entre leurs méthodes de composer des inscriptions supposant qu'un des savans de cette nation moderne voulut exprimer ces mots *Charles Roi de Sardaigne*, il placeroit d'abord la diphtongue Œ d'une grandeur convenable : ensuite il mettroit sur une de ses branches un petit K & une petite S après quoi sa pensée se trouveroit selon lui clairement énoncée. Voyez quel travail on prépare par cette méthode aux *Grovius* & aux *Gronovius* à venir.

J'ai oublié de vous dire que la *posada à Meaxaras* (ou *Miajadas* ainsi que quelques uns prononcent) est une assez bonne hôtellerie, & que *Tia Morena* est une femme très-cordiale & très-serviable. Cette *posada* de *Truxillo* est encore meilleure que celle de *Meaxaras* : à l'une & à l'autre on est pourtant obligé d'envóyer acheter dans les boutiques voisines tout ce dont on a besoin; & il paroit que c'est l'usage en Espagne de vous fournir dans ces *posadas* que le logement la lumiere, & une place à la cheminée de la cuisine pour préparer vos vivres; que les gens de l'hôtellerie lorsque vous n'avez pas de Domestiques se chargent d'accommoder. Cette *Posadera* qui est jeune & jolie, est actuellement fondante en larmes, & elle a sujet de s'affliger, car la petite verole à mis au tombeau ce matin ses deux enfans. Lorsque l'on lui a appris cette triste nouvelle, elle s'est évanouie, on a eu peine à la faire revenir, son évanouissement a duré une heure; elle a paru après cela pensive; & tranquille pendant quelque tems; ensuite elle a été furieuse, s'est encore évanouie, est redevenue furieuse, & a été pensive & tranquille. Il y a une demie heure qu'elle tempête à mes oreilles & quelle excite toute m'a pitié. Je n'ai jamais vu de douleur aussi vivement exprimée, ni entendu des plaintes aussi touchante que les siennes. Les Espagnols ont la réputation d'être doués de la plus vive sensibilité; & il me semble que ce caractere est fortement énoncé sur leurs visages dont les traits sont généralement très-expressifs tant chez les hommes que chez les femmes. Pauvre *posadera!* Je souhaiterois que ses enfans eussent été inoculés comme le font la plupart des Anglois. Mais dans cette partie du monde, l'inoculation loin d'y avoir été admife n'y eft pas même encore connue. Il eft étonnant combien font lents les progrès d'une nouvelle pratique quelque falutaire qu'elle puiffe être! J'ai oui dire étant en Angleterre, que nos Compatriotes commencoient à l'adopter, & j'en fuis enchanté. Ceci eft prefque la feule chofe raifonnable, dont les Italiens n'aient pas donné l'exemple aux autres nations de l'Europe. S'ils l'avoient connue dans les beaux jours du fiecle de *Medicis*, elle feroit vraifemblablement actuellement en vogue dans toute l'Europe; & cette pauvre femme ne feroit pas en proye à l'horrible douleur dont elle eft accablée. (24)

N'a-

---

(24) L'hiftoire de l'innoculation fournit une preuve bien complette de l'inconféquence & de la bizarrerie de l'efprit humain. Avide des nouveautés qui ne concernent que le luxe & la frivolité, l'homme fe refufe prefque toujours aux inventions dont la certitude lui eft démontrée autant que l'importance. Il eft conftant par le relevé de tous les hôpitaux de Londres que le nombre de ceux qui meurent de la petite vérole neturelle eft quadruple au moins de ceux qui en reviennent, & qu'au contraire fur quatre cents inoculés il en périt à peine dix; eh bien, cet exemple convainquant ne peut rien fur des millions de têtes à préjugés. En France! en Italie, en Efpagne, on difpute fur

l'ex-

N'ayant plus rien à dire de Truxillo, il ne sera pas hors de propos pour remplir une page, de vous raconter ce qu'une jeune fille de ma connoissance fit à Londres. Elle étoit très-jolie, mais très-pauvre, & obligée de travailler pour vivre. Un particulier fort à son aise la flattoit de l'espérance de l'épouser; mais j'ai lieu de penser qu'il avoit d'autres vues, & qu'il se flattoit de l'avoir sur un autre pied.

Après lui avoir fait la cour assez long-tems, il fut lui dire un jour, qu'il alloit passer quelques semaines à la Campagne, & en la quittant il lui réitera ses promesses. Mais pourquoi ne m'épousez-vous pas avant de partir? lui dit cette fille ingénue; vous me l'avez promis depuis tant de

l'expérience au lieu de la faire, on la condamne, on la proscrit aveuglément & ce n'est qu'après un demi siecle que les yeux commencent à s'ouvrir & l'erreur à se dissiper. Galilée fut condamné en Italie pour avoir démontré la théorie du système planétaire; en France on a condamné comme une hérésie la circulation découverte par Hervée, on a disputé ensuite pendant trente ans sur ce fait; & ce n'est qu'avec la plus grande peine que l'on s'est rendu à l'évidence. Descartes fut persécuté pour avoir osé lever un coin du voile épais qu couvre la nature. Qui sçait comment l'attraction, les forces centrifuges & centripetes &c. seroient reçues par les graves ignorants des inquisitions d'Espagne & de Portugal?

Tome II. F

temps; je ne vois pas pourquoi vous différez. N'êtes vous pas votre maître?

Mon rusé galant fut un peu surpris de cette façon franche de s'exprimer, & qui lui paroissoit peu conforme à la modestie d'une jeune personne, telle qu'étoit sa maîtresse. Mais se voyant ainsi poussé à bout; & voulant se tirer décemment d'affaire; il lui répondit, qu'il n'auroit pas différé si longtemps, si ce n'étoit pour une raison qu'il n'avoit jamais osé lui dire. Et qu'elle est cette raison, lui dit-elle, toute effrayée? Eh bien, ma chere amie, puisqu'il faut vous le dire, vous n'avez pas eue encore la petite vérole, & si vous l'aviez après notre mariage, & qu'elle vous fît perdre vos charmes, je ne suis qu'un homme comme un autre, & peut-être pourrois-je me repentir, car vous savez que la beauté est principalement ce qui porte les hommes à aimer les femmes, sans elle les autres bonnes qualités produisent peu d'effet. Fort bien, dit-elle, vos raisons sont valables. Allez à la Campagne, venez me voir à votre retour, & nous ne parlerons plus de mariage jusqu'à ce que j'aie eu la petite vérole, & que nous ayons vu le succès qu'elle aura.

Il ne fut pas plutôt parti qu'elle se fit inoculer; en peu de jours elle fut parfaitement rétablie, fans que fa jolie figure en fouffrit le moins du monde. L'amant revvint, & ne put réfifter à cette preuve généreufe de l'affection de fa maîtreffe. Il l'époufa fans héfiter, & il eft actuellement très-heureux avec cette digne femme. Nos Italiennes aiment peut-être plus vivement que les Angloifes, mais en connoiffez-vous quelqu'une qui fache auffi bien aimer que ces dernieres. Ne difputez point aux angloifes le bon fens naturel & dites tout ce que vous voudrez à la louange de l'imagination des Italiennes.

LETTRE XLIV.

Montagne où l'on tombe. Borracho ou Bota.

Larayzejo; 28 Septembre 1760.

Nous avons quitté *Truxillo* à dix heures du matin, & pendant trois lieues qu'il y avoit encore à faire jufqu'ici. Nous approchions de la *Sierra de Mirabete*, qui eft une longue chaine de montagnes j'ai été obligé de mettre pied à terre & de marcher pendant les deux autres lieues nous avons eu un très-beau chemin; mais en approchant nous avons grimpé quelques côteaux, enfuite nous sommes descendus, depuis nous avons traversé un torrent sur un pont, enfin nous avons remonté. Comme nous descendions pour aller au torrent nous avons été obligés de soutenir les chaises, ce qui n'a pu se faire sans beaucoup de fatigue, en remontant la côte opposée par un chemin raboteux la fatigue a été encore plus considérable, & ce qu'il y a eu de pire, c'est qu'elle a été inutile. Le chemin étoit si rompu & si étroit, que l'une des roues n'ayant pas eu de place pour se poser: la chaise, les mules, & *Yago* ont glissé jusqu'en bas; Don Manuel, Baptiste & son maître auroient pareillement été entraînés dans la chûte, si nous avions pas lâché les cordes qui retenoient la chaise, & au moyen desquelles nous tâchions de la tenir en équilibre.

J'ai cru réellement que la dureté des pierres seroit fatale au pauvre *Yago*; il en a pourtant été quitte pour deux ou trois petites contusions; quoiqu'il fût tombé du sommet d'un côteau fort escarpé, & eut roulé au moins la hauteur de vingt pieds. La chaise a eu une partie de ses soupentes cassées, mais elle a été bientôt raccommodée avec des cordes, les mules n'ont pas eu le moindre mal, & avec l'aide des deux qui avoient heureusement fourni leur carrière nous sommes parvenus à retirer la mienne du précipice en mettant tous la main à l'ouvrage; ce qui n'a pas été sans peine & sans risquer d'y tomber nous mêmes.

Ceux qui voyagent en chaise dans ces tristes régions sont assez sujets à de pareils accidents, on les fréquente peu parce que les chemins sont mauvais, & les chemins ne sont mauvais que parcequ'ils sont peu fréquentés.

Une demie heure après avoir monté cette difficile *Cuesta* j'ai continué à marcher jusqu'à *Larayzejo* où je suis arrivé très-fatigué d'avoir été si longtemps exposé à l'ardeur du soleil dont la chaleur étoit renvoyée par les rochers. Le maître de la *Posada* m'a dit à mon arrivée que son village étoit petit & pauvre, & qu'il ne contenoit rien qui méritât la moindre attention; en conséquence je me suis jeté sur un lit où j'ai dormi jusqu'à la nuit. J'ai oublié de vous dire que nous dinâmes hier à *Puerto santa Cruz*, qui est un village aussi misérable que celui-ci, & situé au pied d'une montagne haute & stérile: aujourd'hui nous avons diné sur la hauteur escarpée, assis sur les pierres après que nous avons eu remonté la chaise. Nous avons bu notre vin les uns après les autres en

F 3

portant à la bouche un sac de peau, que l'on nomme *Borracho* en Portugais, & *Bota* en Espagnol. Le nôtre contient environ dix Bouteilles, & nous le remplissons toutes les fois que nous trouvons de bon vin. Hier à *Ste Croix* nous le rafraichimes dans un ruisseau, où nous le laissâmes pendant une heure. Aujourd'hui nous avons été obligés de boire tiede, ce qui par un jour aussi chaud n'étoit pas fort agréable. Que la différence est grande, entre voyager en Espagne ou en Angleterre !

LETTRE XLV.

Beaucoup de choses à voir. Provinces très-fertiles en autheurs. La question de l'edit discutée. S'ils creusoient des Canaux. La vertu a besoin d'être éprouvée. Troncs. Plantes d'une odeur agréable. Chevres & Moutons. Point de pays à froment.

Almaraz 29 Septembre 1760.

CELUI qui a un long voyage à faire doit se lever de bonne heure, & ne pas imiter ma conduite de ce matin. Je n'ai pu avancer que de quatre lieues aujourd'hui; il est vrai qu'elles ont été très-pénibles, & aussi fatigantes que huit dans tout autre pays. Les deux premieres n'étoient que montées, & les deux autres que descentes; mais la montée ainsi que la descente étoient si rapides & si pierreuses, que j'ai été obligé de les faire presque toutes à pied, & par des sentiers si détournés qu'ils se sont trouvés moins cours que le grand chemin. A deux heures de l'après midi nous avons atteint un village nommé *las Casas del Puexto* où avec peu de *quartillos* je me suis procuré la compagnie de quelques enfans des deux sexes, qui sont venus me montrer le chemin à travers une épaisse forêt, dansant & sautant devant moi pendant plus d'une lieue: cette agréable diversion a rendu ma promenade moins ennuieuse: cependant elle n'étoit point comparable à la fête de *Meaxaras*.

Voila trois jours que nous traversons des montagnes très-élevées, dont la meilleure partie est bien pourvue de bois. Le tems étoit ce matin un peu pluvieux. S'il avoit fait beau j'aurois grimpé sur une montagne escarpée & j'aurois visité le *Château de Mirabete*, qui est situé sur la Montagne la plus élevée de cette Province,

Ce château est éloigné d'une lieue de *Layrazejo* & passe pour l'ouvrage des Maures. Ils avoient donné des noms *Arabes* à presque toutes les villes, les villages, les montagnes, les vallées, & les rivieres de ce district, qu'ils ont possédé pendant plusieurs siecles, & plusieurs de ces noms subsistent encore. Je souhaiterois savoir *l'arabe*, pour pouvoir remonter à leur origine, & en découvrir la signification : mais je m'apperçois que je ne finis jamais de souhaiter.

Ce château de *Mirabete* duquel toute la *Sierra* (25) a tiré son nom, est actuelle-

---

(25) La Castille nouvelle est partagée en quatre petites provinces. L'Algaria, la Sierra, la Manche, & l'Estramadoure. C'est dans la premiere, que l'on trouve tout ce qu'il y a de plus beau à voir en Espagne ; telles que les villes de Madrid, de Figuenza, de Tolede, les châteaux de l'Escurial, d'Aranjuez, &c.

La Sierra est la partie qui est à l'orient ainsi nommée parce qu'elle est un pays de montagnes ce qui fait qu'elle n'est pas si peuplée que les autres. Dans la partie la plus septentrionale de cette province est Molina située à trois lieues des frontieres d'Arragon, dans un pays de paturages où l'on nourrit de nombreux troupeaux, principalement de brébis qui portent une laine admirable. Cette province étoit autrefois une seigneurie possédée par des princes du sang royal, mais elle a été unie à la couronne & est devenue inaliénable. Près de Molina on trouve au Sud-Ouest Caracosa ou Caracéna, capitale d'un marquisat de même nom, située dans une campagne fertile.

lement inhabité, quoiqu'il ne soit pas entierement ruiné. Un berger m'a dit que *hay mucho que ver* (qu'il y avoit encore beaucoup de choses à voir) principalement quelques mosaïques sur les pierres & sur les murs incrustés en marbres de diverses couleurs. Il est sûr que si j'en avois le moyen je voudrois parcourir toute l'Espagne malgré le peu de commodités qu'on y rencontre, & visiter très-exactement tous les sommets de ces nombreuses montagnes, sur lesquels les Maures se plaisoient à bâtir. La satisfaction que produiroient mes découvertes & mes observations me récompenseroit largement des peines & des fatigues que m'occasionneroit une pareille course. Les curiosités que renferment les différentes provinces de cette vaste Monarchie sont innombrables, & méritent d'être visitées examinées & décrites. L'Italie, la France & l'Angleterre peuvent être considérées avec raison, comme les pays les plus fertiles en Autheurs qu'il y ait au monde & cependant il est surprenant combien peu d'ouvrages on trouve dans ces deux langues qui traitent de l'Etat de l'Espagne soit avant ou après qu'elle a été abandonnée par les Maures: nation qui en a possédé la plus grande partie pendant plusieurs siecles, & l'a habitée depuis l'année 713 jusqu'en 1610, à peine avons nous quelque foible connoissance de leur maniere particuliere de vivre, de leurs loix, de leurs arts, de leurs manufactures, & de leur agriculture. Il n'y a pourtant pas plus de deux siecles si l'on en croit quelques auteurs qu'il en existoit un million en Espagne. *Mariana* dans le suplément de son histoire, se contente de dire en termes généraux que le nombre de ceux qui furent chassés d'Espagne étoit incroyable.

Ce nombre incroyable, ou ce million, fut banni de ce Royaume en 1610, par l'édit terrible de Philippe III. Notre siecle qui abonde plus en grands philosophes qu'aucun de ceux qui l'ont précédé, est en possession de condamner, & de décrier les Espagnols d'alors pour s'être rendus coupables d'une pareille erreur en politique, & pour avoir privé d'un seul coup leur Monarchie de ce grand nombre d'habitans. Le génie le plus brillant de notre temps & ses admirateurs, ont dissérté très sérieusement & tout à leur aise sur ce sujet, ils se sont efforcés de représenter cette action comme étant aussi barbare que peu politique. Comment, disent ces philosophes, priver un million d'hommes de leurs habitations paternelles, les chasser, hommes, femmes, & enfans? Cette folie ne sauroit jamais se réparer, & cette cruauté ne sauroit être comparée qu'à celle du massacre de la St. Barthelemy!

Ces exclamations paroissent si plausibles, que je craindrois presque de hazarder un mot en faveur de Philippe III. quoique j'aie quelque soupçon que l'étalage d'humanité que font nos beaux esprits du jour, pourroit tendre sourdement à avancer l'irréligion, & à encourager la désobéissance. Qu'on se rappelle, relativement à ce fameux édit que tous les Espagnols d'alors qui étoient des scélérats, des rebelles, des traites, & des coquins de toute espece avoient coutume de se réfugier, & trouvoient à se cacher, & même de la protection chez les *Moresques;* & que ces Mahométans, tout vaincus qu'ils étoient depuis long-temps, se regardoient encore comme maîtres légitimes de tout le pays, & qu'en conséquence de cette persuasion, ils étoient toujours prêts ouvertement ou secrettement à se liguer avec les François, les Anglois, les Africains & avec tous les autres ennemis de l'Espagne; & qu'ils y donnoient continuellement lieu aux inquiétudes, aux soupçons, & aux allarmes! Je dis plus, pourrions nous refuser aux Espagnols les louanges que mérite leur modération, de s'étre contentés de bannir seulement les Maures. (26)

Il est vrai qu'en agissant comme ils l'ont fait, les Espagnols se sont privés d'un grand nombre d'artistes, de laboureurs & de soldats; mais ils se sont conduits comme l'auroit fait un Gouverneur de place forte, qui auroit craint qu'une partie de sa garnison ne se fût révoltée; & n'eût passé du côté des ennemis au moment de l'assaut général. Il faut, diroit ce Gouverneur, ou que je chasse ces traitres de mes murs, ou que je les fasse tous mourir, sans quoi je périrai moi-même: si je les fais mourir, on m'accusera de cruauté, & si je les chasse ils augmenteront le nombre des assiégeans! Freres soldats, que dois-je faire? Ne souillons point nos mains de tant de sang. — Mais ce sont des traitres, & il faut nous en débarrasser. Ils s'en iront,

(26) Si Philippe III, au lieu de chasser les Maures, leur avoit accordé la protection qu'ils méritoient comme étant nés ses sujets, & qu'il les eut soustraits aux fureurs de l'inquisition; ces gens la seroient devenus ses plus fideles sujets; les Juifs en Hollande, ne sont-ils pas aussi attachés à l'Etat que les Chrétiens; par tout où les souverains imiteront la conduite de ces sages républicains : la religion quelle quelle soit ne fera jamais des rebelles de gens heureux. L'auteur voudroit-il que Philippe III. eut fait massacrer les Maures?

ils augmenteront l'armée de nos ennemis, & notre garnison ne sera pas assez nombreuse. Mais ceux qui resteront agiront de concert. Alors nous n'aurons que nos ennemis à craindre, nous perdrons de notre nombre ; & nous aquérerons une force réelle.

Tel fut vraisemblablement le raisonnement de Philippe IV & de son conseil lorsqu'ils prirent la résolution d'expulser les Maures. Il falloit opter entre deux maux, on choisit le moindre. Je ne comprends pas trop pourquoi cette décision leur attireroit le titre de barbares?

Parmi le grand nombre d'écrivains qui ont parlé des *Moresques*, il n'y a que Navegero qui m'ait donné quelque satisfaction ; encore a-t-il très-peu parlé d'eux dans ses lettres qu'il écrivit à notre grand compilateur de voyages *Gia Battista Rannusio*, lorsqu'il fut ambassadeur de la part des vénitiens auprès de l'Empereur Charles V. De ces lettres écrites par Navagero, & tirées de son propre journal, nous inférons que les *Moresques* tant dans leurs vêtemens que dans leurs coutumes & leurs mœurs ainsi que dans leurs langage différoient beaucoup de toutes les autres nations Européennes, méritant pas cela même de s'attirer l'attention d'un philosophe attentif, & d'être mieux connus qu'ils ne l'ont été par *Navagero*. Leurs arts & leurs fciences n'étoient ni en petit nombre, ni méprifables. Les favans citent fouvent plufieurs de leurs hiftoriens & de leurs médecins. Il eft vrai qu'ils ne connoiffent guere que leurs noms. La tradition a appris aux Efpagnols qu'ils avoient encore un grand nombre de poëtes. Leurs ouvrages font actuellement perdus pour l'Europe; nous ignorons même fi l'afrique les a confervés. (27) Leur habileté dans l'A-

(27) En général les fciences & les belles lettres fleuriront très difficilement en Efpagne, comme nous l'avons déjà obfervé, la terreur qu'infpire la cenfure inévitable de l'inquifition, & furtout le genre d'éducation que reçoivent les hommes dans ce pays feront des obftacles long-temps infurmontables. Combien d'avantages ne procureroit pas à l'Efpagne la liberté de penfer & d'écrire. N'eft-ce pas à cette liberté plus précieufe que l'or du Mexique que les pays du nord doivent les plus belles productions des écrivains qui les ont illuftrés? Ne fommes-nous pas bien dédommagés, dit un fçavant obfervateur Anglois, de quelques écrits méprifables & licencieux par les ouvrages immortels d'un Neuton d'un Locke, d'un Haze d'un Bath, d'un Lytelton? Que feroient devenus les Swift, les Addifon, les Steel, & toutes leurs plaifanteries fi fines & fi ingénieufes, fi l'on eut captivé leur génie comme celui des efpagnols? C'eft cette liberté, la bafe du bonheur, de tous les états qui fit naître ces productions inftructives, & les écrits transcendants qui ont portés la lumiere dans la po-

griculture est reconnue de tout le monde, & les vestiges de leurs édifices, spécialement ceux qui existoient à Grenade, & qui sont d'écrits par *Navagero* & par d'au-

litique, dans toutes les sciences & jusques dans la religion. Il est encore plus surprenant que les Espagnols aient fait autant de progrès dans les sciences que de ce qu'ils n'en ont pas fait d'avantage, on ne sçauroit s'imaginer à combien de censures & de permissions les écrivains de ce pays sont obligés de se soumettre avant de pouvoir livrer un ouvrage à l'impression. L'Eponge des Dominicains passe au moins trois fois sur un écrit avant qu'il soit rendu public. Ce qu'il y a de plus ridicule c'est que, se défiant même de leur propre jugement, ils ne donnent la permission de faire imprimer un livre qu'en se réservant le droit de le condamner & brûler dans la suite s'ils le jugent expédient. L'index seul des livres prohibés forme deux gros volumes in Fol. il faut donc qu'un homme parcoure tout ce livre, avant qu'il ose lire un ouvrage. La bibliotheque des Dominicains à Madrid n'est composée que de livres qu'ils ont saisis, & qui est par cette raison une des plus belles & des plus nombreuses de l'Europe, & la plûpart de ces livres prohibés sont ceux qui méritent le plus d'être lus. Les écrits de Locke de Neuton de Bacon &c. sont renfermés sous la clef & condamnés à l'oubli le plus injurieux. Erasme, dans le temps qu'il faisoit de si grands efforts pour le rétablissement des lettres, trouva que toutes les sciences étoient prêtes à être étouffées par la scholastique. L'ignorance & la paresse des moines contre lesquelles il a tant déclamé, n'ont pas beaucoup changé depuis ce temps en Espagne; très-peu d'entre eux parlent ou entendent bien la langue latine; & l'on en

tres écrivains prouvent qu'ils étoient bons Architecte. Le peu de curiosité des Européens à laissé leurs talens ensevelis dans un profond oubli, nous ignorons entiérement le dialecte Arabe qu'ils parloient; sans nulle connoissance de leurs arts, de de leurs sciences, & des qualités personnelles qui les distinguoient; un voyageur attentif & curieux pourroit encore malgré cette négligence glaner dans cette région.

trouve encore moins qui s'appliquent aux sciences utiles. Toutes leurs études se bornent à la controverse. Nous ne parlons ici que des moines en général & sous les exceptions qu'il est juste de faire. Il est évident que c'est au joug affreux de l'inquisition que l'on doit attribuer le grand nombre d'ignorants qui se trouvent en Espagne. Toutes ces entraves mettent un obstacle insurmontable au progrès des lumieres. Que ne souffrit pas le pauvre Michel Cervantes, pour avoir ridiculisé les préjugés de sa nation? Le célebre Mariana, dont les travaux ont tant fait d'honneur à sa patrie, ne fut-il pas renfermé dans une obscure prison pendant vingt ans; & lorsqu'ils écrivit son histoire osa-t-il toucher aux événements de son siecle, dans la crainte que la vérité ne lui attirât de facheuses affaires? Or dans cet état d'esclavage qu'elle obligation ne doit-on pas avoir à ceux qui ont eu assez de force pour franchir ces obstacles? *Cervantes, Faxardo, Zureta, Cabrera, Sandoval Mariana, Lopès de Vega, Carpio, Tordesillas, Antonio Augustino, Vilkapende, Ramiraz de prado, Sanchez* &c. ont illustré leur nation, & méritent les éloges des gens de lettres de tous les pays.

suffisamment de matériaux pour composer une rélation intéressante de ce peuple, en décrivant avec exactitude ces vestiges de leurs anciennes demeures qui existent encore. En recherchant les traditions qui se trouvent dans leurs vieilles chansons ou romances, & dans les livres de Chroniques tant espagnols qu'arabes, qui sont encore en crédit parmi ce peuple, ou dans ceux qui se trouvent relegués dans leurs Bibliotheques, il formeroit des conjectures plausibles de ce qu'ils étoient autrefois par ce qui nous reste encore d'eux.

Si un Roi d'Espagne connoissoit bien ce que vaut le pays qu'il possede, il seroit, selon moi, en peu de temps l'un des plus puissans Monarques du monde. Qu'il fasse creuser des canaux dans toutes les provinces qui en ont besoin pour pouvoir les arroser facilement, ce qu'un Roi riche comme le sont & le seront longtemps les Monarques Espagnols, pourroit exécuter facilement en peu d'années. Qu'il établisse une bonne administration pour ses finances, qu'il encourage l'agriculture par ses libéralités, alors la fécondité naturelle du sol Espagnol nourrira beaucoup plus de millions d'hommes que l'Espagne n'en contient actuellement. Tel est le cri uniforme de tous les Espagnols sensés avec lesquels j'ai eu occasion de m'entretenir avant que j'eusse été dans ce pays: depuis que j'ai vu *l'Estramadoure* je suis convaincu qu'ils avoient raison. (28) Parmi

(28) Le Commerce entre l'Espagne & ses colonies d'Amérique est la partie la plus considérable du Commerce extérieur des Espagnols, & c'est tout ce qui soutient leurs forces maritimes. Leurs vaisseaux fréquentent fort peu les ports des autres royaumes. Surtout depuis la derniere guerre de la France avec l'Angleterre. Et l'on peut dire qu'ils ne se soutiennent dans le Commerce général de l'Europe que par celui qu'ils font dans l'Amérique. Quant à leur Commerce intérieur c'est très-peu de chose. Il n'est pas même proportionné au nombre des habitants.

La grande erreur de la politique Espagnole est de n'avoir jamais fait attention à la vérité de cette maxime, *que l'industrie les arts & le travail surtout pour les besoins de premiere nécessité, sont des sources de richesses plus sures & plus durables que toutes leurs mines d'or.* Eblouis par les trésors de l'Amérique ils ont fixé toute leur attention de ce côté là, & ont négligé la culture de leur pays. Mais qu'est-il arrivé ? l'Espagne s'est insensiblement dépeuplée, les manufactures sont dépéries, les forces militaires se sont dissipées, une misere effroyable, au milieu de tant de richesses, s'est fait sentir de toutes parts; ils sont enfin tombés dans une décadence qui leur demandera beaucoup de temps pour s'en relever: depuis quelques années le Ministere semble s'être apperçu de cette méprise; il fait aujourd'hui tous ses efforts pour repandre un peu d'industrie parmi le peuple. La Cour a établi des manufactures dans plusieurs villes du royaume; mais malgré les privileges accordés aux ouvriers, il paroît que les progrès sont bien

plusieurs observations que j'ai faites j'ai surtout remarqué que les parties les plus élevées de cette Province produisoient naturellement des chaines verds, dont les glands sont presque aussi agréables à manger que nos amandes, ou plutôt que nos chataignes. Cependant on ne cherche point à augmenter le nombre de ces arbres. Si on les cultivoit partout où ils viennent bien, l'*Estramadoure* seule seroit en état de fournir assez d'excellens jambons pour la consommation de la moitié de l'Europe. On pourroit y élever une quantité incroyable de cochons qui ne couteroient presque rien à nourrir. Ainsi qu'on m'a dit que cela se pratiquoit un peu plus loin en tirant du côté de *Madrid*, ceux de ces animaux que l'on nourrit de glands de chêne verd, sont meilleurs que vous ne pouvez vous l'imaginer. Mais on profite aussi peu de cet avantage dans cette province que de tous les autres dont il ne

lents. Ce défaut d'activité tient beaucoup à la nature du caractere Espagnol. On diroit qu'ils sont nés fiers & paresseux. Un mendiant de ce pays demandoit l'aumône à un François : celui-ci le voyant sain & robuste, lui demanda pourquoi il ne cherchoit pas à subsister d'une manière plus honnête. *C'est de l'argent que je vous demande & non pas des avis*, lui repartit le faineant en tournant le dos. Cette rodomontade espagnole fit rire le passant.

tiendroit qu'à elle de se prévaloir ; les Montagnes & les Vallées sont également négligées ; ce qui fait qu'elle est très-dépeuplée, & que peu ou pour mieux dire aucun de ses habitans n'est à son aise. Ils mangent peu, sont couverts des haillons, & sont très-mal logés. Il est vrai qu'il ne leur faut que peu de chose pour leur subsistance, ce sont sans contredit les gens les plus sobres qu'il y ait sur la surface du globe. Ils ne sont pas non plus recherchés dans leur parure ; car leurs prêtres mêmes ont à peine un bon habit sur le corps.

Ils sont si endurcis par leur manière de vivre, qu'ils dorment fort bien l'hyver sur le simple plancher ; & en Eté en plein air sans en être incommodés. Il est certain qu'ils jouissent d'une espece de bonheur en menant une pareille vie exempte de soucis, satisfaits du présent, faute de connoître quelque chose de mieux, & parfaitement tranquilles sur l'avenir : leur air gai ainsi que la bonne santé dont ils jouissent annoncent clairement qu'ils ne sont pas malheureux. Mais il n'est pas de l'intérêt de leur Roi qu'ils passent ainsi leur vie dans une parfaite indolence, (29)

(29) Ceci confirme parfaitement ce que nous venons de dire dans la note précédente sur la paresse & l'indolence des Espagnols. C'est une chose plaisante de les voir le

quelque heureux quels puissent être : je ne crois pas non plus qu'il soit du leur, de languir dans une oisiveté condamnable, ayant à peine le necessaire, tandis qu'ils pourroient se procurer le superflu & jouïr d'une véritable opulence : les soins qu'ils prendroient seroient sans angoisses, & leurs travaux sans fatigue.

Les montagnes d'Estramadoure renferment aussi des Carrieres de très-beau marbre de différentes couleurs ; mais depuis que que les maures en ont été chassés peut-être n'a-t-on pas bati, un seul édifice de marbre dans toute la Province. Il est vraisemblable que les Maures étoient beaucoup

matin, nobles, & roturiers, sortir de leurs maisons le manteau sur l'epaule, une longue epée au côté, la tête haute & la main dans la ceinture, ils marchent jusqu'à midi, vont d'église en église, rentrent chez eux, mangent un morceau de pain & quelques figues dans la saison, resortent ensuite, se promenent jusqu'à la nuit qu'ils passent la plupart sur une natte dans un coin de la chambre, & se levent pour recommencer la même carriere ; c'est ainsi que vit la majeure partie des habitans de ce pays, & cette classe aussi fiere que ridicule regarde avec le dernier mépris l'industrieux étranger qui lui tire habilement le peu d'argent qu'elle possede. Entrez chez un cordonnier Espagnol pour lui commander une paire de souliers il commence par jetter un coup d'œil sur la planche, s'il y voit encore un pain, il vous saluera civilement & vous pouvez aller ailleurs vous pourvoir de chaussures.

plus laborieux & plus induſtrieux que leurs ſucceſſeurs, ſi nous en jugeons par les ruines innombrables des tours & des châteaux que l'on voit épars ſur les Montagnes, & aux environs des rochers. Le château de *Mirabete*, dont j'ay déjà fait mention, n'étoit pas ſeulement un vaſte édifice, il étoit encore entouré d'un jardin ſpacieux, dont les murs ſubſiſtent actuellement en grande partie ; ceux qui l'ont conſtruit devoient avoir certainement quelque ruiſſeau pour l'arroſer; il étoit trop élevé pour qu'on y eut porté de l'eau d'ailleurs. Mais les Eſpagnols, qui tant que leurs guerres contre les Maures, durerent étoient une race d'hommes vaillans, devinrent pareſſeux dès qu'elles furent terminées, & tomberent dans une létargie qu'on ne ſauroit bien concevoir qu'après qu'on a parcouru l'Eſtramadoure, & qu'on a comparé l'état ou elle ſe trouve actuellement à celui dans lequel elle étoit autrefois. Tels furent les Romains après qu'ils eurent détruit *Carthage*. Leur activité les abandonna auſſi rapidement que les Eſpagnols perdirent la leur après qu'ils ſe furent remis dans l'entiere & paiſible poſſeſſion de leur ancien patrimoine. C'eſt ainſi que d'autres Nations ont déchu de leur grandeur dès l'inſtant que leurs ennemis & leurs rivaux n'ont plus eu le pouvoir de leur nuire. Les obstacles & les les difficultés sont nécessaires pour que la vertu conserve sa vigueur & son éclat, autrement elle s'assoupit & disparoit. Il en sera de même des Anglois; cette nation est aujourd'hui la premiere de l'univers (30) s'ils parviennent un jour à être

(30) Nous ne prétendons point nous ériger en détracteurs de la nation Angloise; mais il semble, qu'il est insultant pour le reste de l'Europe de même que pour les Empereurs de l'Asie &c. d'appeller les Anglois le premier peuple de l'univers; & cette expression a quelque chose de plus singulier encore dans la bouche d'un Italien. Sont-ce quelques succès momentanés & plus brillants que solides qui doivent mettre ce peuple, encore nouveau, à côté des anciens Romains. L'auteur apparemment n'a jamais calculé les dettes de la monarchie Angloise, & le peu de moyens de les acquitter si elle vient à perdre ses Colonies avec lesquelles elle est engagée dans une guerre qui ne peut que lui être funeste, malgré tous les succès actuels. L'auteur ne pense donc pas que si, dans cet instant critique, la France ou l'Espagne alloient fondre sur l'Angleterre denuée de forces intérieures, ce premier peuple de l'univers, se verroit bientôt reduite à l'extrémité, & le plus à plaindre de l'Europe. Rendons justice aux Anglois. La forme de leur gouvernement, & la liberté des sentimens, jointes à leur constitution heureuse en ont fait un peuple brave, instruit & estimable: mais qu'une prévention déplacée ne nous fasse pas avancer qu'il est supérieur à tout ce qui existe sur la surface du globe. Ce sont des siecles entiers de sagesse, de gloire, & de prospérité qui seuls peuvent assurer ce titre à une

les maîtres paisibles du Commerce & de la Navigation ; qui ont longtems été le but de toutes leurs entreprises, & où ils paroissent être bientôt près d'atteindre. La premiere conséquence de cette possession tant desirée sera une opulence sans bornes, la seconde une énervation considérable, & la troisieme un torrent de vices & des folies, qui absorberont entiérement leur industrie ainsi que leur courage : peut-être qu'à la fin une nation pauvre & barbare leur fera éprouver à leur tour ce qu'ils font actuellement éprouver aux autres. Mais tâchons de ne pas nous écarter d'avantage, de notre sujet & de ne pas passer pour prophete !

Dès que vous atteignez quelque habitation dans cette Province d'*Estramadoure* des Mendians males ou femelles ne manquent pas de venir à vous, de vous présenter un tronc, & de vous demandent très-gravement la *Lemosnita para las almas.* (*une petite charité pour les âmes du purgatoire.*) Le nombre de ceux qui n'ont d'autre occupation que des *pedir por Diòs* (*mandier au nom de Dieu*) est réellement trop consi-

---

nation : les Anglois sont dans le chemin, mais il ne faut pas crier victoire avant d'avoir atteint le bout de la carriere.

sidérable, ils croient faire une œuvre méritoire, & ils trouvent ce métier facile. Cependant au lieu de mandier *pour l'amour de Dieu*, ou *pour les âmes*, au lieu de tourmenter les Vivans pour le soulagement des morts, ils feroient beaucoup mieux de s'occuper de choses plus utiles. Outre les chênes de leurs Montagnes, ils ont d'autres arbres dans leurs Vallées qui leur fourniroient plus aisément les moyens réels de vivre convenablement que des charités casuelles. Mais cet abus s'est si fort enraciné que dans le cas où ils auroient quelque penchant à s'attacher à l'agriculture, à peine auroient-ils les facultés de le faire à moins que le Gouverneur ne vînt à leur secours & ne leur procurât les outils, & les instructions nécessaires.

A environ une lieuë de *Casas del Puerto*, on repasse encore une fois le *Tage* sur un pont composé de deux arches très-larges, que l'on assure être un ouvrage des Romains. Ici les eaux de ce fleuve sont couleur de brique, & si profondes, qu'on pourroit peut-être les rendre navigables; on en feroit vraisemblablement autant de celles de la *Guadiana* à sa descente de *Merida* à la Mer. Je n'ay cependant pas apperçu le moindre petit bâteau sur ces deux

Tome II. G

fleuves dans toute l'*Eſtramadoure Eſpagnole* que j'ay traverſée, n'y aucune eſpece de digue, d'écluſe ou d'autre machine propre à détourner la moindre partie de leurs eaux, pour s'en ſervir à favoriſer quelque branche utile d'induſtrie (31).

Le Romarin, la lavande, la Sauge, le tin, & d'autres plantes odoriférantes croiſſent en abondance, dans les parties les plus ſauvages de ces Montagnes & de ces

---

(31) Le nouveau Canal de Murcie que l'on entreprend & pour lequel le miniſtere a permis une lotterie, à laquelle il ne paroit pas que l'Europe ait la plus grande confiance quoique l'expoſé offre les plus grands avantages & les meilleures ſûretés, ſera de la plus grande utilité pour l'Eſpagne. Cette entrepriſe peut rendre ce pays très floriſſant par la ſuite ſi les habitans ſcavent uſer de toutes les reſſources que le canal offrira pour le Commerce intérieur. Mais il eſt bien à craindre que cet ouvrage immenſe, & pour la perfection duquel il faudra beaucoup plus de temps qu'on ne l'imagine, ne trouve des obſtacles dans la nature même de la choſe. Ne craignons pas de le repeter, les Eſpagnols ne ſont pas laborieux, & malgré l'épuiſement des mines du potoſi l'Eſpagne n'eſt pas riche. Nous ne ſommes plus au temps des Egiptiens qui batiſſoient des pyramides, ouvroient des canaux, creuſoient des lacs entiers avec un ſalaire d'oignons & d'autres comeſtibles. L'expédient même dont on ſe ſert tout ſimple, tout heureux qu'il paroiſſe ne ſeroit pas celui d'un peuple opulent & actif, qui ſeroit ſûr de trouver en lui-même les reſſources néceſſaires pour ſe procurer ce qui lui pouroit être utile.

Vallées, leur parfum rend la promenade de ceux qui voyagent à pied très agréable. Hier & aujourd'hui j'ay apperçu quelques troupeaux de chevres & des moutons, je suis convaincu que si les habitans vouloient s'en donner la peine il leur seroit facile d'en avoir de plus considérables.

Ce Village d'*Almaraz* est tout aussi le pauvre que celui de *Larayzejo*, & n'a rien de remarquable si ce n'est la singularité de sa situation. La vuë des fenétres de la *Posada* donne sur une étenduë de campagne pierreuse où l'on apperçoit quelques arbres dispersés. A peine rencontre-t-on depuis *Truxillo*, je dirai même depuis *Merida* jusqu'ici aucune terre qui produise du froment.

LETTRE XLVI.

Plaine retrouvée. Saints moines & jolies filles. Glands mâchés. Orgue singuliere. Veuve allumant des Cierges. Bagatelles sur Bagatelles quand je n'ay pas autre chose.

Naval Moral; 29 Septembre 1760.

Il est onze heures du matin, & je ne suis qu'à deux lieuës d'*Almaraz*, parce que je ne saurois me résoudre à me lever de bonne heure on diroit que la paresse de ce pays-ci est contagieuse Tandis que les mules sont occupés à manger leur paille hachée, je ferai tout aussi bien de me mettre à écrire.

Me voici enfin hors des Montagnes, la journée d'aujourd'hui a été & sera en plaine à la distance d'une lieuë d'*Almaraz* j'ay passé le long de quelques Vignes très étenduës appartenantes à un Couvent de Dominicains. Que les raisins dont les seps étoient chargés m'ont paru beaux?

Tout auprès de ces Vignes sont des maisons où ces raisins sont rassemblés, & où on les presse pour en extraire le Vin. J'avois entendu mes *Calesseros* faire souvent l'éloge de ce Vin, il est à propos que je vous dise en passant sur cet article que ces deux drôles ressemblent plutôt à des Allemands qu'à deux Espagnols. Comme nôtre *Boracho* étoit presque vuide, j'ay mis pied à terre devant ces maisons pour les remplir. C'est-à-dire que je suis descendu dans une hôtellerie, j'ai été surpris de voir, non qu'elle appartenoit à ses peres, mais qu'ils en étoient eux-mêmes les administrateurs. Trois ou quatre de ces moines de moyen âge, & très-graves personnages, étoient dans cette hôtellerie causant avec les servantes, parmi les qu'elles je n'ay pu m'empêcher d'en distinguer une qui m'a paru vive & piquante, le front large, la gorge d'yvoire, & des yeux si brillants! Nul Poëte n'oseroit comparer les Nymphes de Calypso à une pareille *Senova*. Elle est la niéce (à ce que m'a dit un des moines) d'une vieille femme qui demeure là, & est aussi éflanquée qu'une colomne gothique; mais c'est la niece & non la tante qui fait l'office d'hôtesse & reçoit l'argent des chalands. Je n'ay point voulu me marier pour pouvoir me faire moine, & je n'ay point voulu me faire moine pour pouvoir me marier lorsque j'en aurois la fantaisie. Ici j'ay couru risque de perdre ma liberté en embrassant l'un ou l'autre de ces deux partis.

Badinage à part: on ne doit jamais se hâter de porter son jugement sur ses voisins, mes voisins devroient aussi de leur côté se garder de me fournir les occasions de penser mal d'eux. Si j'avois vu des moines en Italie administrer un Cabaret qui leur appartint, où il y eut de jolies filles pour servantes; je doute que j'eusse jamais conservé la bonne opinion que j'ay conçue de leur exactitude à observer leurs vœux. Quelque soit l'habit que nous portons nous sommes tous foibles & fragiles, & il faut une grande sainteté pour résister aux tentations qui sont si proches de nous.

La Dame, que je viens de comparer à une colomne gothique, m'a demandé s'il étoit vrai que le Pape eut excommunié les Portugais, & leur eut défendu de dire leurs chapelets. Il paroit qu'elle vouloit parler de la présente dispute entre les Cours de *Rome* & de *Lisbonne*, & je m'imagine qu'indépendamment de l'anthipatie qui subsiste entre les Espagnols, & les Portugais de la lie du peuple, ses bons maitres les moines prennent le parti de sa Sainteté toutes les fois qu'ils parlent de ces matieres dans leur Cabaret, & c'est qui l'a vraisemblablement portée à me faire ces sottes questions. Je lui ai réponpu que non, je suis remonté dans ma chaise, j'ai traversé une grande forêt de chênes verds, & j'ai maché des glands pour passer le tems. Réelement ils ont le goût de la chataigne. Nous n'en avons point de pareils dans les contrées occidentales d'Italie, & je n'ay jamais ouï dire qu'il y en eut dans les Orientales que je n'ay pas encore visitées, à peu de chose près; je crois qu'ils pouroient servir de nourriture en les mangeant indifféremment cruds ou cuits.

Nous nous sommes arrétes à *Navál Mo-*

ral pour nous rafraichir, & tandis que les *Calefferos* ont mangé, je suis entré dans une Eglife très voifine de la *Pofada* : on y chantoit une grande Meffe au fon d'une orgue, dont les tubes au lieu de s'élever tout droit ainfi que ceux de toutes les orgues que j'ay vues, font recourbés en dehors & pendent du coté du peuple au deffous, préfentans leurs extremités en forme de trompettes. Un Moine touchoit cette orgue finguliere avec une habileté furprenante. Je fus étonné de voir tant de femmes affifes fur leurs talons, entierement cachées fous leurs manteaux noirs, & ayant plufieurs petits cierges allumés devant elles. Je demandai ce que fignifioient ces Cierges; & on me répondit que les femmes devant lefquelles étoient placés les Cierges étoient des Veuves qui les allumoient dans l'intention de foulager les ames de leurs maris décedés. Je ne fcais fi le nombre de ces Cierges répondoit à celui des maris qu'elles avoient eû. Les unes n'en avoient qu'un, d'autres deux ou trois, & quelques unes en avoient jufqu'à fept. Peut-être qu'ils indiquent feulement le plus ou le moins de degrés de dévotion ou d'affection qu'elles conservent pour la mémoire des défunts.

Poft cript Nocturne, de *Calzada de Oropera*. En fortant de *Navál Morál*, nous sommes entrés dans une autre forêt tout aussi belle que celle des *Ardennes* (32) si célébre dans nos Romans, dans laquelle les Chevaliers errants alloient souvent en quête d'avantures. Après une bonne lieue elle s'élargit & forme une vaste plaine bornée des deux côtés par de hautes Montagnes, dont les sommets, surtout de celles de ma gauche, étoient couverts de neige. En dépit du soleil qui étoit de nouveau très-chaud. Les trois derniers jours je n'avois pas été trop incommodé de ses rayons les pluies du matin, & les brouillards du soir temperoient sa force. Mais aujourd'hui j'ai éprouvé toute son ardeur, tout autant que lorsque j'étois de l'autre côté des Montagnes d'*Estramadoure*. Il m'a si fort hâlé depuis que je suis arrivé sur les bords du Tage, que s'il continue à me rôtir encore quinze jours vous me prendrés à mon arrivée au logis pour le Roi noir de la *Didon du Metastaze*, ou pour un jeune Savoyard du nombre de cent qui descendent du Mont Cenis & du Mont Genévre toutes les années vers le mois d'Octobre, &

___

(32) Grande forest sur la meuse qui s'étend fort au loin de l'ouest à l'est & qui passe entre Charlemont au nord & Rocroi au sud.

& vont ramoner les cheminées du Piémont & de la Lombardie.

Ce Village de *Calzada* (33) est le moins vilain que j'aie encore vu depuis mon départ de Lisbonne; & ma *Posadora* actuelle quoique jeune, n'est point aussi prude que toutes les jeunes femmes que j'ai rencontrées dans cette route. Elle aime à parler & à faire des questions; & nous avons jasé ensemble plus d'une heure. Elle m'a assuré entr'autre que les femmes de ce Canton étoient les plus modestes de toute l'Espagne. Elle me plaint d'être obligé d'aller à Madrid, où *Las Mugueres son muy atre uidas. Les femmes sont très-hardies*, à ce que son mari lui a dit, lequel y a été le mois passé, & y a séjourné une semaine toute entiere. Pour calmer son inquiétude obligeante relativement à mon Voyage en cette Capitale, je lui ai donné ma parole, que si jamais je me marie en Espagne, je reviendrai certainement à *Calzada* chercher une femme, & la prierai de m'aider à en choisir une: elle m'a cordialement promis son aide, en souhaitant que j'en eusse bientôt besoin.

---

(33) Dans la vieille Castille, étoit autrefois une ville episcopale mais son évêché a été reuni à celui de Calahorra elle est sur la Riviere de Laglera.

Peut-être trouverez vous mauvais que je vous entretretienne de pareilles bagatelles. Mais vous devez m'excuser & penser que je ne peux pas trouver à chaque inftant un tremblement de terre tout prêt, ni à chaque pas une pompe Patriarchale, encore moins des Rois faifant l'office de Maffons, ou des Cargaifons de Jéfuites exportées pour *Civita Vecchia*. (34) Des fujets de cette importance ne fe rencontrent pas tous les jours: il faut que je rempliffe mes lettres, ou que j'interrompe l'ordre de mon journal. Quand je fors d'une Bibliotheque je parle Littérature, & je parle de mon hôteffe quand je fuis à l'hôtellerie. Je me flatte, que vous avez le même égard pour celui qui rend un compte éxact de fes Voyages, que vous auriez pour un hiftorien, & vous favez que les hiftoriens femblables à la mort doivent frapper *Æquo pede* à la porte des mendians tout comme à celle des Rois.

(34) Jolie ville maritime d'Italie dans le territoire de St. Pierre, fortifiée par le pape Urbain VIII, elle a un bon port & un arfénal où font d'ordinaire les galeres du pape. L'air y eft fort mal fain.

LETTRE XLVII.

Cochons nombreux. — Comtesse Espagnole. Un drôle encore à jeun, & le pistolet perdu.

Talavera de la Reyna, 1 Octobre 1760.

DEPUIS la *Calzada* jusqu'à cette ville le pays vaut beaucoup mieux que celui que j'ai laissé derriere moi ; les habitans n'en paroissent pas non plus aussi misérables que ceux qui habitent les Montagnes de *l'Estramadoure* ; on apperçoit plusieurs troupeaux de cochons tout le long du chemin que j'ai parcouru aujourd'hui. Surtout dans une vaste plaine qui est au-dessous de la *Cuesta de Oropeza*, & dans les environs de *Venta Perulvanegas*, d'où le païs avoit pendant un fort long espace, l'aspect d'un tapis noir. Des milliers de ces animaux tous parfaitement de cette couleur, sont transportés chaque semaine pendant l'hyver à *Talavera, Toléde, Madrid*, & même à *Saragosse*.

Oropeza (35) est une ville qui donne son nom à cette côte ou Montagne. Une Dame fait sa demeure dans un Château tout près de la ville, & porte le nom de *La Condesa de Oropeza*. Elle est fort aimée dans tout le pays à cause de ses grandes charités & sa libéralité. Elle a de ses fenêtres une vue très étendue. J'avois envie de grimper la Montagne, & d'aller me mettre à *suspies* (36) pour voir par moi même l'état que tenoit une Comtesse Espagnole dans ses terres ; mais les *Calasseros* m'en ont dissuadé : on dit qu'elle est fort âgée, & qu'il y a déja quelques années qu'elle s'est retirée de la Cour. Quoiqu'elle passe la meilleure partie de sa vie dans la compagnie des religieuses Franciscaines, dont le Monastere est très voisin de son château ; elle vit pourtant d'une maniere somptueuse, elle a à son service des *Duenas*, des filles d'honneur, des chapelains, des secrétaires, des pages, des gens de livrée au nombre de cent pour le moins,

(35) Dans la nouvelle Castille près des frontieres de l'Estramadoure, elle est entre Talaveira de la Reina, & Plazentée. Elle appartient à une branche de la famille royale de Portugal.

(36) *A ses pieds*, c'est la maniere de parler dont on se sert en Espagne avec les Dames, même avec celles de la seconde Classe.

Ses revenus se montent, à ce qu'on m'a dit, à près de quinze mille livres sterling, après sa mort ses biens doivent être partagés entre les *Ducs d'Albe*, & de *Médina Sidonia*.

Dans la plaine la plus voisine de la Montagne, & à main gauche du grand chemin en venant de *Calzada*, les Franciscains ont une maison qui contient quarante Moines. Elle a une grande apparence, à l'extérieur; je ne me suis point arrêté pour voir le dedans. Un peu plus loin se trouve *Venta Paralvagenas* pitoyable maison, où je me suis jetté sur un lit & ai fait ma *Siesta*, c'est-à-dire où j'ai dormi une heure, parce que la châleur étoit insupportable. J'avois dîné deux heures plutôt dans ma chaise, & nous nous étions arrêtés dans un petit Bourg ou Village nommé *Torralva* pour y boire une *Azumbre*, nom que l'on donne à une mesure qui contient environ deux pintes; dans certains endroits cette mesure est plus grande & dans d'autres plus petite qu'à *Torralva*, à ce que les *Calesseros* m'ont dit, qui peuvent en être crus sur ces matieres qu'ils possedent à fond. Toutes les fois que je veux plaisanter avec eux, j'appelle l'un *& Conde Borracho* (c'est-à-dire *Don Manuël*,) l'autre *el Manques Bota*, & Babtiste *el Senor Don Azumbre*. Ils sont actuellement si fort accoutumés à ces sobriquets, qu'ils se les donnent mutuellement; c'est encore là un de mes expédiens pour égayer la route. Ils s'étoient accordés à m'assurer que le Vin de *Torralva* étoit excellent, les partisans des Vins de Lipari (37) ou de Genfano, s'ils en avoient bû conviendroient qu'ils ont raison.

Vous ne manquerez pas de dire à cette occasion que je suis devenu un véritable gourmet, & que les Anglois m'ont gâté. Il est vrai que les Anglois m'ont accoutumé à boire un peu plus que je n'aurois fait si j'étois toujours resté au logis. Ils n'ont pas de plus puissant spécifique que la bouteille pour se rendre sociables; & il n'y en a que trop parmi eux qui ne sont jamais gais que par ce moyen; malgré cet exemple je suis toujours très sobre; & le jugement que je porte des différens vins qui croissent dans ce pays, n'est point une suite de mon foible pour la bouteille; mais une simple imitation de la façon d'agir des autres voyageurs, qui lorsqu'ils n'ont rien d'intéressant

_____

(37) Ile de la Mer Méditerannée au Nord de la Sicile dont elle est une annexe, elle a environ six lieues de tour, l'air y est très-sain; elle abonde en grains, on y recueille sur-tout des figues, & des raisins qui donnent d'excellent vin.

à dire, r'assemblent de tous côtés des observations importantes, ou non.

Après la *Siesta* j'ai prié les *Calesseros* de me suivre tout à leur aise, & suis sorti de la *Venta* résolu de marcher pendant deux ou trois heures. Je n'avois pas encore fait un mille à pied que j'ai joint une petite troupe de soldats, qui alloient ainsi que moi à *Talavera* (38).

Les soldats sont des gens qui vous parleront si vous leur parlés, & moi qui aime autant à jaser qu'aucun d'eux ; je me suis hâté de les joindre, je leur ai dit en les abordant sans aucun préambule, qui j'étois, d'où je venois, & où j'allois, ils m'en ont dit autant de leur côté en ajoutant le nom de leur Régiment & de leur Colonel. Ils marchoient assez lentement pour ne pas devancer un couple d'ânes chargés de leur bagage. Ils étoient commandés par un Officier qui étoit à leur tête, monté sur un bidet si maigre, que *Rocinante* qui étoit le cheval de Don Quichotte, auroit été en comparaison un *Brigliadoro* qui étoit celui de Roland. Ce Militaire ne m'a pas paru fort curieux de s'entrete-

(38) Forte & considerable ville dans la nouvelle Castille sur la Rive droite du Tage & à l'ouest ou confluent de la petite riviere d'Alberche dans une grande vallée il s'y tint un Synode en 1498.

nir avec moi ainsi je l'ai laissé tranquille, & me suis mêlé avec sa troupe.

Entre nombre de questions que je leur ai faites, je leur ai demandé s'il s'en trouvoit aucun parmi eux qui eut Voyagé hors d'Espagne. Il s'en est trouvé deux, l'un avoit voyagé par terre & l'autre par mer. Celui qui avoit été en mer, étoit une fois tombé entre les mains d'un Corsaire Anglois. Mais, dit-il, *„en la tierra de a „quellos hereges la carcel es cosa espan-„table y de muy grande horror.* Dans „le pays de ces hérétiques la prison est une „chose épouvantable & de la plus grande „horreur." Pour éviter d'y être renfermé, il prit parti parmi les Matelots, & vécut à bord du Corsaire plus d'une année; pendant lequel tems il s'appliqua avec tant de soin à apprendre leur langue, qu'il est actuellement en état de compter depuis un jusqu'à vingt. Quoique les Anglois soient hérétiques, a-t-il ajouté, ils sont pourtant *muy Valientes*, très courageux, manœuvrent un vaisseau aussi bien que les Espagnols, *y notienen miedo de a quellos Gavachos* (39) *de franceses, que por vida de*

―――――――――――――――――――――――

(39) Gavacho, est un sobriquet injurieux que les Espagnols du commun donnent aux François, je ne connois point l'étymologie de ce mot. Les Piémontois appellent

LONDRES A GÊNES. 149

Santo Antonio son peores de las Ingleses; & n'ont aucune peur de ces *Gavaches* de François, qui par la *Vie* de *St. Antoine* sont pires que les Anglois. Leur façon de s'alimenter est différente de la nôtre, a ajouté le soldat; ils font peu de cas de l'ail, des oignons, du piment (*poivre d'Espagne*) des *Garvanzos* (les pois chiches) ou de *l'abadejo* (morue) de sorte qu'il a fallu m'accoutumer au bœuf salé, & que j'ai appris à boire leur bierre, qui est *un bino hecho de aqua*; un vin fait avec de l'eau. Les matelots Anglois, au lieu de m'appeller par mon nom de *Pedro Capon*, me donnoient celui de *Spani Monqui*; j'ai compris aisément en examinant sa figure, que cela vouloit dire *Singe Espagnol*.

L'autre Soldat étoit encore plus plaisant que *Pedro Capon*. Je n'ai jamais entendu mentir aussi hardiment; & avec une si grande volubilité de langue; il avoit été Caporal dans les guerres d'Italie (à présent il est *Caposquadra Sergent*) & il s'étoit trouvé au siége de *Cuneo* par les armées réunies d'Espagne & de France dans la derniere guerre.

les Savoyards (& souvent les François) Gravass; & Gravass signifie un tortu.

Au lieu d'en parler comme d'une Ville (telle quelle est) & au lieu de dire qu'elle étoit pour la majeure partie entourée d'un rempart de terre & de façines, (comme elle étoit alors) *Cuneo*, assura mon *Capo-Squadra* est un château qui n'est pas entouré de moins de sept murailles de marbre, toutes très-hautes & très-épaisses, de sorte qu'après s'être emparé de la plus extérieure ainsi que nous fimes à la première attaque; nous n'avions encore fait que la septieme partie de la besogne; *Aquel maldito Castillo* (ce maudit château) a-t-il ajouté, ,, *es sin duda mas grande y mas* ,, *fuerte del tan nombrado Castillo de Mi-* ,, *lan;* est sans aucun doute plus grand & ,, plus fort que le château si renommé de ,, *Milan.*" Ses compagnons & moi étions prêts à pleurer en entendant la description pathétique des peines qu'il y avoit souffertes ainsi que l'Infant Don Philippe; *que* ,, *se mostrò allà tan bizarro en peléar como* ,, *qualquiera de nos otros, qui sy mostrà* ,, *aussi vaillant au combat qu'aucun de nous.*" Les Bombes, les Carosses & les Boulets; *cayana diluvio en el campo del Castillo, de lo Exercito Savoyano, y de muchos otros partes, y con todo esso los psbres Soldados no tenian que comer si no la nieve de a-quellas malditas montanas quellaman los apeninos*: tomboient comme un déluge dans le Camp devant le château, tant de l'Armée Savoyarde, que de beaucoup d'autres endroits; & avec tout cela les pauvres Soldats n'avoyent autre chose à manger que la neige de ces maudites montagnes qu'on nommé les monts *Apennins*.

Ce ne fut pas sans beaucoup de peine que je me retins d'éclater de rire en entendant pareilles menteries, & autres absurdités de la même force de la bouche de ce brave *Capo-Squadra*, elles se succédoient avec une rapidité étonnante. le drôle ne s'imaginoit vraisemblablement pas qu'il parloit à un homme qui avoit demeuré deux ans à *Cuneo*, avoit aidé à élever ces fortifications, & n'en étoit sorti que peu de jours avant le siége; mais loin de mettre fin à cette scene amusante par des contradictions déplacées. Les rémarques que je fis sur sa rélation l'encouragerent si bien qu'il redoubla ses rodomontades.

Ces discours mêlés de quelques chansons firent que je me trouvai avancé de trois lieues sans m'en être apperçu; tel fut le plaisir que je goutai dans la Compagnie de nes Camarades de Voyage. Les *Calesseros* ne paroissoient point encore, & je n'avois aucune inquiétude de leur retard. Nous avons découvert une *Quinta*, c'est-à-dire une Campagne très-vaste & très-bien batie qui appartenoit à des moines. La chaleur, la route & la conversation nous avoient tous fort altérés: ce qui nous a engagé à quitter le grand chemin, & à prendre celui de la maison, où nous avons trouvé un frere qui en étoit le gardien; nous l'avons prié de nous procurer un peu de vin pour de l'argent & de bonnes paroles. Le rustre nous regardant d'un air de mépris, & nous montrant du doigt un endroit peu éloigné, nous à dit que nous y trouverions un puits. Je ne sais si la colère m'a fait pâlir ou rougir à cette réception inattendue ; je me suis pourtant retenu ; & lui ai parlé du ton le plus poli qu'il m'a été possible; mais il a été inexorable pour l'Officier & les Soldats, & s'est contenté d'ordonner à une vieille servante qui avoit tous les traits d'une sorciere de m'apporter un peu de vin dans un pot de terre. J'ai été sur le point de lui jeter le pot au visage; je m'en suis pourtant abstenu, voyant que l'Officier & les Soldats gardoient le silence. L'officier s'est contenté de dire *da gracias a tu habito ; rends grace à ton habit*, & a fait signe à ses Soldats d'aller au puits. En pareil cas un nombre égal de Soldats François n'auroit pas eu autant de modération, ou pour mieux dire aucun moine François n'auroit ofé fe conduire avec des foldats de fa nation comme l'Efpagnol l'a fait avec ceux de la fienne. Ils m'ont dit enfuite que dans leur pays les foldats & les moines n'étoient point amis; ils auroient tout auffi bien pu dire qu'ils étoient ennemis mortels. Le moine a refufé l'argent que je lui offrois, qui étoit affez honnete pour un frere. L'indignation étoit peinte fur le front de mes Compagnons; & un defir de vengeance étoit clairement exprimé dans les yeux de chacun d'eux. Nous fommes partis en filence, les foldats occupés d'un projet qu'ils venoient de former, & moi indigné de la dureté brutale du moine (40).

(40) Quel pays, Bon Dieu ! que celui où d'honnêtes gens font ainfi traités par la Canaille monaftique ! je ne fçais dans cette occafion quel eft le plus méprifable de celui qui le fait ou de celui qui le foufre. Si cette anecdote de l'auteur n'eft pas un conte, il faut avouer que les ftupides Efpagnols méritent d'être bernés de toute la terre. Mais nous ne pourons croire que des religieux, des hommes qui ont juré l'humilité, la douceur, l'obéiffance oublient à un point auffi indigne les obligations de leur état. Certes ce feroit être bien injufte que de croire les moines hautains, durs, orgueilleux, infolents; toutes les contrées Catholiques, furtout l'Efpagne & le Portugal, font les temoins heureux de leur douceur, de leur modération,

A environ un demi mille de la *Quinta*, nous nous sommes trouvés auprès d'un vaste Vignoble, que les soldats savoient appartenir aux bons peres propriétaires de la maison de Campagne. Le Vin qu'ils n'avoient pas bu, a échauffé leur courage militaire dans un instant, & l'esprit de dévastation s'est emparé de tout le détachement. Ils ont eu bientôt fait une ouverture à une haie épaisse & garnie d'épines, qui mettoit le Vignoble à l'abri de la rapacité des passans. Ils ont arraché les grapes, les ont foulées aux pieds, ont brisé ou déraciné les seps, ainsi que les échalats qui les soutenoient, & on fait en moins de rien un si grand dégat que d'ici à quelques années ce Vignoble ne produira pas dans l'espace d'un mille la valeur d'un demi

& de leur indifférence pour tous les biens terrestres; il est vrai qu'ils ont souvent fait bruler leur prochain & qu'il ont persécutés les hommes honnêtes qui en sçavoient plus qu'eux; mais ce sont de petites miseres passageres; de petites Scenes édifiantes, uniquement pour prouver leur saint zele & l'amour celeste qui les embrase.

Un doux inquisiteur, le Crucifix en main,
Au feu par charité fait jetter son prochain,
Et pleurant avec lui d'une fin si tragique
Prend pour s'en consoler son argent qu'il s'applique:
Tandis que de la grâce ardent à se toucher,
Le peuple, en louant Dieu, danse autour du bucher.

LONDRES A GÊNES. 155

Azumbre de vin ; ils n'ont fini leur ravage que lorsqu'ils ont été bien fatigués ; ils ont pourtant eu foin d'emporter la quantité de grapes de raisins que chacun a pu en tenir dans ses deux mains.

L'officier pendant tout ce temps a continué son chemin à petit pas, & n'a jamais tourné la tête pour les regarder, ne voulant prendre aucune connoiſſance de ce qu'ils faiſoient, pour moi je ſuis reſté auprès des ânes à les contempler tout à mon aiſe.

Après une autre heure de marche, nous ſommes arrivés à *Talavera*, bien rafraichis des grapes de raiſin pillées que nous avons mangées ; nous nous ſommes ſéparés à la porte. Ils ont été je ne ſais où, & moi je me ſuis rendu à la *poſada*, où mes *Caleſſeros* & Baptiſte ſont arrivés pour après ; je leur ai demandé s'ils avoient fait attention au vignoble dévaſté. Ils m'ont dit que oui ; mais qu'ils n'avoient pu imaginer comment cela étoit arrivé. Je le leur ai conté en préſence du *poſadero* & de ſa femme, demandant à ceux ci ſi les ſoldats étoient dans le cas d'être punis pour cette action. Punis m'a dit la femme ! C'eſt le Moine qui devroit être puni, & non ces pauvres gens tous les aſſiſtans ont été enchantés de cet exploit, & il paroit que le commun peuple de ce pays n'aime pas mieux les moines que les soldats eux-mêmes; j'étois pourtant arrivé en Espagne bien persuadé que le vulgaire Espagnol étoit rempli de la plus grande vénération pour eux.

A cette aventure qui m'a fait rire, j'en ajouterai une autre qui ma chagriné. Après avoir marché trois ou quatre milles depuis la *Venta Peralvanegas* j'ai trouvé que mon habit me pesoit trop. Un des soldats m'a offert de m'en décharger, je l'ai ôté sur le champ, & n'ai pensé à le remettre que lorsque nous avons apperçu la ville. Dans l'une des poches étoit un pistolet court, & un mouchoir dont je n'ai eu besoin, qu'à mon arrivée à la *posada*. Sans perdre de temps j'ai été chercher mes compagnons de voyage. J'en ai d'abord rencontré un, ensuite deux, & enfin encore deux autres. *Cavalleros* leur ai-je dit, l'un de vous ne mérite pas d'être vôtre Camarade. Il m'a volé un pistolet; ce vol ne sauroit lui être d'aucune utilité. C'est le pareil de celui-ci; vous voyés que pour le charger il faut l'ouvrir avec ce tourne-vis; d'ailleurs les balles doivent avoir une forme particuliere, desorte qu'au lieu d'un pistolet il n'a volé qu'un morceau d'acier qui pourroit fort bien le conduire aux galéres.

Ils

Ils ont paru très-fâchés de cette action, & n'ont sçu qui soupçonner de ce vol, mon habit ayant été porté tour à tour par plusieurs, mais ils m'ont promis de prendre des informations à ce sujet, & de venir me rendre compte à la *Posada* du succès de leurs recherches ; & ajoutant qu'ils espéroient que le pistolet se retrouveroit.

Deux heures après comme je soupois, quatre de ces soldats sont entrés, ils étoient tous si yvres qu'à peine pouvoient-ils se tenir sur leurs jambes : où est mon pistolet, *Cavalleros ?* Monsieur, nous sommes venus vous dire qu'on ne l'a pas encore trouvé, mais vous l'aurez sûrement à *mannana*, (*demain*) fort bien, leur ai-je répondu d'un air chagrin, & mécontent de les voir dans cet état. Revenez à *manana* & vous aurez le doublon que je vous ai promis. Si *Senor*, si *Senor* ; mais ayez la bonté de nous faire donner un peu de vin pour boire à votre santé : en finissant ces mots l'un deux a étendu une patte sale, & a mis la main dans le saladier que j'avois devant moi, tandis qu'un autre a empoigné une de mes perdrix rôties. Qu'est-ce que c'est que ceci, *Majaderos del Diablo.* (*Lourdauts du Diable*) me suis-je écrié. J'ai jetté un chandelier de cuivre au visage du drôle qui avoit porté à sa bouche la poignée de salade, tirant ensuite mon pistolet de ma poche, & l'armant, la peur qu'ils ont eue que je ne le lâchasse sur eux m'en a délivré en un instant, l'un la bouche pleine, l'autre emportant la perdrix, celui-ci l'épaule qu'il s'est presque démise contre la porte, & celui-là avec un grand coup de pied au derriere que Baptiste lui a donné de toutes ses forces.

Plusieurs gens du logis sont accourus au bruit; mais les gueux étoient décampés; & c'est ainsi qu'ont fini nos tendres liaisons. Je me suis remis à table assez de mauvaise humeur; elle s'est dissipée peu à peu, & j'ai fini mon repas d'une maniere assez tranquille, charmé qu'il ne me fût rien arrivé de plus fâcheux. La *posadera* & ses servantes ont dansé un *fandango* sous le portique, & lorsqu'elles ont eu fini, j'ai eu suivant mon usage recours à ma plume. Il vient de sonner onze heures, je n'ai eu aucune nouvelle de mes soldats, ainsi je regarde mon pistolet comme perdu.

LETTRE XLVIII.

Autre vilaine affaire. Manufactures de soye & de faïance. Diaogue avec un Corrégidor. Nouveau Calessero.

Zevolla: 2 Octobre 1760.

Nous avons un proverbe qui dit que qui compte sans son hôte compte deux fois, & c'est ce qui vient de m'arriver. Je comptois partir de bonne heure ce matin, & j'avois ordonné qu'on m'éveillât à quatre heures. On m'a effectivement appellé à cette heure, non pour me dire que les mules étoient attelées, mais pour m'avertir que je ne pouvois partir; parce qu'il avoit été ordonné que les chaises resteroient où elles étoient.

Par qui, & pourquoi? Par le *Corrégidor*, & à cause de votre *Calessero* Portugais. Le coquin a eu dispute, hier au soir, & a donné un coup de couteau à un jeune homme du logis. Et où est ce drôle? Le *Posadero* l'a fait arrêter, & le *Corrégidor* en ayant été averti sur le champ, l'a envoyé en prison. Je suis étonné que vous n'ayez pas entendu le bruit, mais vous étiez fatigué de votre courfe, & dormiez profondément.

Ainfi, *Don Manuel* eft en prifon? Je fuis fâché du coup de couteau; mais je fuis bien aifé qu'il foit en fûreté: nous ne ferons plus tourmentés par ce coquin. Le vieux gueux m'a affez fait enrager, en s'enyvrant à chaque *pofada*, & difputant tous les foirs avec tous ceux qu'il rencontroit.

Pendant que je m'entretenois de cette façon avec Baptifte & quelques autres perfonnes, une Dame, que j'ai prife à fa *Mantille* (voile blanc) pour Efpagnole, quoiqu'elle ne fût pas, m'a addreffé la parole en Caftillan, & m'a dit que comme *Cavallero* je devrois aller chez le *Corrégidor*, & le prier de révoquer *l'imbargo* qu'il avoit mis fur les chaifes, parmi lefquelles fe trouvoit la fienne, ce qui lui faifoit la plus grande peine parce qu'elle avoit des affaires de la derniere importance qui l'appelloient à *Madrid*. Le *Corrégidor*, a-t-elle ajouté eft le principal Magiftrat de cette ville, & fi vous n'allez pas le trouver, vous pourrez peut être refter à *Talavera* beaucoup plus longtems que vous ne voudriez.

J'ai pris ce confeil en bonne part, & fans

me donner le temps de réfléchir qu'il étoit encore trop matin, j'ai été en droiture chez le *Corrégidor*; auquel je n'ai pu parler parce qu'il dormoit, on m'a dit qu'il ne seroit visible qu'à dix, peut-être à onze heures, ou même à midi.

Cela m'a paru assez triste, mais il n'y avoit point de remede. Je m'en suis retourné à la *Posada*, j'ai déjeuné, & me suis entretenu avec la Dame, qui avoit tout-à-fait le ton d'une femme au dessus du commun. Elle m'a dit qu'elle étoit née en Suisse, & étoit mariée à un François qui avoit vecu près de dix ans à *Talavera*, où il avoit la sur-intendance d'une Manufacture d'étoffes de soye. Que le Directeur général de cette manufacture, qui étoit aussi François, y avoit fait une belle figure pendant nombre d'années, que le Marquis de la *Ensenada* s'étoit constamment montré son protecteur pendant tout le tems qu'il avoit été dans le Ministere; qu'après sa disgrace le pouvoir du Directeur avoit un peu diminué, & qu'il n'y avoit que peu de jours qu'on l'avoit arrêté; & envoyé enchaîné à *Madrid* où il étoit accusé de malversation. Quelle pensoit qu'il auroit peine à se tirer d'affaire, puis que personne n'ignoroit qu'il avoit dissipé quelques millions de réaux en festins, au jeu, & à entretenir des princesses de Théâtre. Que dans ses beaux jours, il avoit conçu beaucoup d'amitié pour son mari, l'avoit fait son secrétaire, & son principal confident, ce qui avoit engagé à l'arrêter à son tour, qu'il avoit aussi été conduit depuis trois jours à *Madrid*.

J'en suis fâché, lui ais-je réparti; je souhaiterois que votre mari n'eût jamais eu de liaison avec un homme du caractere que vous donnez au Directeur général. Je ne crois point qu'il soit complice de son crime, mais je crains que ses juges ne l'en soupçonnent comme ayant eu connoissance depuis longtemps de ses mauvaises menées; & n'en ayant pas averti assez à temps les Ministres du Roi pour empêcher la dissipation d'une partie de ces millions.

Quand à cela me répondit la Dame, je suis très-tranquille, le Directeur avoit obtenu du feu Roi un pouvoir si despotique sur toutes les personnes employées dans la manufacture, qu'il pouvoit sans aucune forme d'appel emprisonner, & envoyer même aux galeres ceux qu'il jugeoit à propos & comme ce pouvoir n'a jamais été révoqué par le Roi regnant tout le monde avoit la bouche fermée; car on auroit couru les plus grands risques en osant lui déplaire, ou même si l'on avoit donné lieu au moindre soupçon de sa part.

Outre ces raisons, a continué cette Dame, mon mari en a une particuliere à alléguer, qui est, que pendant les quatre dernieres années il n'a cessé de demander son congé, que le Directeur n'a jamais voulu lui accorder. Mon mari, dira à présent la cause qui l'engageoit à désirer ce congé, qui étoit, qu'il voyoit d'un côté le Directeur dissiper l'argent destiné pour la Manufacture, ainsi que les profits qu'on en retiroit, & de l'autre qu'il n'osoit pas ouvrir les levres crainte de la prison ou de quelque autre chose de pire.

J'ignore ce que ces raisons pourront opérer en faveur de son mari. Mais comme elle est décidée à partir tout de suite, & à se rendre à *Madrid* pour se plaindre ouvertement de la façon dont on l'a traité; je ne lui ai plus fait d'objection afin de ne pas la décourager, sachant bien qu'il est toujours avantageux en pareil cas de ne pas paroître déconcerté, & de défendre l'innocence attaquée avec toute la hardiesse, & l'énergie possible.

J'ai été très-content du bon sens & de la facilité de s'énoncer de la Dame Suisse, & lui fournissant l'occasion de continuer la conversation, elle m'a appris qu'il y avoit près de dix ans que quelques François transfuges de Lyon, s'en furent à *Talaveiro* où ils établirent la manufacture sus-mentionnée. Ils furent favorisés par le ministere Espagnol, principalement par le *Marquis de la Enfenada*, qui l'a mit sur un pied si respectable, qu'en fort peu de temps elle devint un objet de la plus grande importance.

Il faut avouer à l'honneur des François, qu'ils sont pour ces sortes d'établissemens les gens les plus industrieux, les plus actifs, & les plus entreprenans qu'il y ait sous le soleil. L'Angleterre, la Hollande, & les autres nations n'en sont que trop convaincues, quelques-unes l'ont éprouvé à leur avantage, & d'autres y ont perdu de grosses sommes. J'en ai connu plusieurs dans différentes parties du monde qui tous avoient ce tour d'esprit singulier; mais le Révérend pere *Norbert* dont j'ai parlé dans mon premier Volume est mon héros dans ce genre à toutes sortes d'égards.

N'ayant pas un denier lorsqu'il débarqua en Angleterre sans savoir un seul mot d'anglois, & n'étant pourvu que d'un petit nombre de lettres de récommandation dans sa poche il s'intrigua si bien, qu'il commença une Manufacture de Tapisseries dans laquelle je n'ai guere vu moins de cent

per-

personnes employées. Il trouva moyen de s'introduire chez les principaux seigneurs, & chez nombre de gens opulens de cette Ile; & il la pouſſa avec tant d'ardeur, que s'il avoit été moins vain & plus honnête homme il auroit fait en peu d'années une fortune conſidérable; mais comment inſpirer la ſageſſe à un François que la fortune favoriſe? (41) Ce moine défroqué ainſi que le Directeur général dont je viens de parler, s'abandonna à toutes ſortes de profuſions fut bientôt obligé de ſe ſauver, ſe tint caché en divers endroits, & à la fin s'eſt réfugié en Portugal où il a ſi bien fait qu'il a obtenu une penſion conſidérable; qu'il a tâché de mériter en barbouillant quelques libelles contre les Jéſuites ſes anciens ennemis. Je l'apperçus au Caffé *Anglois* à *Lisbonne* où l'on me dit qu'il avoit changé

(41) Voilà encore une de ces ſorties toujours déplacées dans la bouche d'un voyageur impartial. Le vice d'un particulier doit-il être imputé à toute une nation & ſurtout lorſqu'on parle d'une nation auſſi eſtimable à tous égards que la Françaiſe. Certes la France ſeroit en bel état ſi tous les gens que la fortune favoriſe reſſembloient au pere Norbert. L'auteur voudroit-il que nous traitaſſions ſa nation de traitreſſe, de diſſimulée parce que quelques particuliers de ſon pays ont été traitres & diſſimulés? La ſageſſe doit-être le frein de tout hiſtorien:

son nom de Parifot contre celui de *Platel*, ainsi qu'il avoit fait autrefois celui de *Norbert* pour celui de *Parifot*. Il n'en est pas de même en Portugal & dans d'autres pays qu'en Angleterre, où il n'est pas permis changer de nom, le bon Capucin ne s'est jamais trop embarrassé des loix d'aucune espèce : c'est un homme bien singulier ! ni la vie monastique, ni sa longue barbe, non plus que l'étude de la théologie, à laquelle il a été obligé de s'appliquer pendant plus de vingt ans, ainsi que ses voyages comme missionnaire dans plusieurs parties des Indes Orientales ; ses infirmités & son âge avancé n'ont jamais pu amortir ce goût national pour les entreprises qui la porté à s'établir Manufacturier en Angleterre, où il conduisoit la quantité d'ouvriers qu'il avoit à son service, avec autant de facilité que j'en ai à conduire un seul domestique.

Vous me permettrez de vous dire en passant à cette occasion, que je desirerois fort que quelques habiles casuistes voulussent bien se donner la peine de discuter soigneusement cette question qui me paroit assez importante, savoir si le tort qu'un particulier fait au pays de sa naissance, en transportant dans un Royaume étranger une branche avantageuse de Commerce peut s'accorder avec la saine morale ? (42)

(42) Nous ne sommes point Casuistes, ainsi nous ne déciderons point la Question que propose l'auteur. Nous allons seulement rapporter ici un passage d'un petit traité d'éducation fort ancien, mais assez bien fait, qui pourra peut-être donner quelqu'éclaircissement sur la these. „ Il „ faut apprendre à l'homme à être bon serviteur de son „ Prince, & attaché exclusivement à sa patrie, lui faire „ connoître que le contrat civil fait par ses peres, le re- „ garde, & que sa vie est nécessairement engagée; qu'il „ doit tout aux conventions humaines, excepté sa façon „ de penser qui lui appartient en propre. Que si son „ esprit tourné de bonne heure à la philosophie lui fai- „ soit appercevoir qu'un engagement, auquel il est faux „ qu'il ait participé, ne doit pas l'obliger, par la raison „ que son pere en le formant n'avoit pas l'intention di- „ recte de le former, mais seulement de céder aux besoins „ de la nature, que les hommes sont originairement in- „ dépendants les uns des autres, que c'est le hazard qui „ l'a jeté dans ce coin de l'univers plutôt que dans un au- „ tre, que tout a dépendu d'un concours purement for- „ tuit, ses peres & meres pouvant aussi bien être nés en „ Turquie qu'en France; qu'en conséquence refusant de „ bon cœur de participer aux avantages du contrat for- „ mé sans lui, il doit être libre d'y renoncer tout à fait, „ qu'on ne peut pas dire qu'il est le bien immédiat de son „ pere, puisque son *Moi*, sa faculté intellectuelle est ab- „ solument étrangere à sa formation corporelle, & que par „ conséquent le temps étant venu où sa raison reste son „ seul guide, il a le droit d'examiner de tous les con- „ trats civils qui existent sur la terre quel est celui qui

A la fin dix heures ont sonné, & j'ai quitté ma Compagnie, pour retourner chez le *Corrégidor*. J'ai trouvé à la porte

„ lui conviendra le mieux : Pour lors, *comme dans tout*
„ *ceci il n'y a que trop de vérité*. il faut lui répondre
„ prudemment : qu'il est d'un honnête homme de croire
„ que sans doute la volonté de Dieu l'a placé là, puis-
„ qu'il y est : lui faire envisager le trouble que de tels sen-
„ timens repandroient sur le globe si tous les hommes al-
„ loient penser de même, qu'il peut se tromper, qu'il ne
„ sent peut-être pas tous les rapports de la grande chaîne
„ qui lient les événements, que son existence civile peut bien
„ n'être pas un préjugé, que son genie est sans doute à
„ lui, mais qu'il est de la probité de faire le bien dans
„ l'endroit où la providence l'a mis, que le fatalisme
„ qu'il réclame est injurieux à la divinité, & qu'il est plus
„ d'un homme juste de concourir à la conservation du
„ système des états qu'à la destruction de leur harmonie :
„ Alors s'il a vraiment l'ame honnête, l'esprit droit & bien
„ fait, il aimera mieux employer ses facultés & ses ta-
„ lents à améliorer les choses dans sa patrie, à corriger
„ les abus, à enseigner l'honneur, la vertu, le patriotis-
„ me, enfin à augmenter & étendre les avantages de la
„ République, que de se soustraire à des loix qu'il doit re-
„ specter fut-ce à cause de leur ancienneté & de sa propre
„ foiblesse. Il doit donc être affectionné à son souverain,
„ & tellement attaché à sa patrie qu'il la défende, l'il-
„ lustre, l'enrichisse aux depens même de ses jours : car
„ tout notre être est à elle, excepté notre pensée." —
Nous croyons que la Question se trouve maintenant à peu près résolue, quoique nous n'entrions point dans l'examen puérile, si le péché seroit *mortel* ou *véniel*.

un grand drôle enveloppé d'un large manteau noîr, avec un ample chapeau rétrouffé fur la tête, reffemblant parfaitement aux Commis de la Douâne de *Badajoz*. Il avoit une verge blanche à la main, & paroiffoit très-grave. *Cavallero*, lui ai-je dit, pourrois-je rendre mes refpects au *Senor Corrégidor?* Il a tourné la tête d'un autre côté; pourrois-je, ai-je repris d'un ton plus élevé, & le tirant légérement par fon Manteau, rendre mes refpects au *Corrégidor?* Je n'en fais rien, m'a-t-il répondu: mais vous pouvez heurter, & demander la Senôra Fernanda. J'ai heurté, & la Senôra eft venuë à la porte. Elle étoit vieille & laide. Que voules vous? Vous plairoit-il, Senôra, de faire favoir au *Corrégidor*, qu'un étranger feroit charmé de dire un mot *à fa Merced*? Je me fuis rappellé enfuite qu'au mot *Merced* elle avoit fait la grimace.

Et qui eft vôtre *Merced* m'a demandé la Vieille Dame?

Je fuis étranger, vous dis-je, tout à fait inconnu Corrégidor; mais il m'arrive une affaire, qui me force de l'importuner.

Il fe leve, a repliqué *Fernanda*, & je vais lui dire que vous fouhaitez de le voir.

Milgracias a fu Cortefia, lui ai-je dit; mais le mot *Cortefia* a été caufe qu'elle m'a fait attendre plus d'une heure dans la rue, quoiqu'il plût un peu, & quoique je n'euſſe point de *capa* (manteau noir) comme le drôle à la baguette blanche, dont je n'ai jamais pu tirer une ſeule parole malgré toutes les peines que je me ſuis données pour l'engager à entrer en converſation avec moi.

A la fin la porte s'eſt ouverte, & Fernanda m'a conduit dans une chambre trèsſpatieuſe au rez de chauſſée, dont tout l'ameublement conſiſtoit à peu de choſe près en une table de noyer fort épaiſſe, & un vieux fauteuil antique fait du même bois. Le *Corrégidor* étoit aſſis *pro tribunali*, & avoit du papier, de l'encre & des plumes devant lui.

On m'avoit prévenu que ce Corrégidor étoit le principal Magiſtrat, & même en quelque façon Gouverneur de la Ville; de ſorte que j'ai été aſſez étonné de le voir ſi mal vêtu; il avoit une robe de chambre aſſez ſale, & un bonnet blanc de coton qui n'étoit pas trop propre ſur la tête; il m'a reçu à peu près comme un Empereur reçevroit un bourreau. Je lui ai fait une profonde révérence, il m'a regardé fixément ſans faire le moindre mouvement. J'ai conſervé mon ſang froid, & lui ai expoſé mon cas le plus laconiquement que j'ai pu, ce qui a produit la scène que je vais vous détailler.

PERSONNAGES DRAMATIQUES.

Mon individu, le Corrégidor.

Moi. Je viens supplier *Usted* d'ordonner qu'on pende mon *Caleſſero* si vous le jugez convenable; & de me permettre d'en chercher un autre.

Le Corrégidor. *Certainement c'eſt à Uſted à en chercher non pas à moi. Je ne cherche point de Caleſſeros.*

Moi. *Uſted* ne me comprend pas. Je n'ai pas besoin que *Uſted* se donne cette peine. Je ne demande qu'à partir, mais je ne le saurois faire qu'autant que *Udſted* revoquera l'ordre donné hier au soir qu'aucune Chaise ne partît de la *Poſada*; & c'est tout ce que je viens demander de *Udſted*.

Le Corregidor. *Talavera de la Reina vous déplait elle & eſt elle une ſi chetive ville que vous ſoyez ſi preſſé de la quitter?*

Moi. Je pense que *Uſted* me raille. Belle ou chetive, que m'importe? Je souhaite poursuivre mon voyage, je ne saurois le faire que vous ne revoquiez votre ordre; du moins pour autant qu'il me concerne.

Le Corregidor. *Je ne raille point lorsque je dis à* Udsted, *que cette ville est fort agréable à vivre.*

Moi, (à part & entre les dents) Quelle espece d'homme ais-je là ? Plaisante-t-il ou est-il sérieux ? (haut) Je le veux bien. Encore une fois que m'importe ? Je ne suis point venu en Espagne pour admirer ou décrier *Talavera.* J'ai à faire à Madrid; rencontrant un obstacle à mon voyage je m'addresse au Magistrat qui a le pouvoir de le lever, & je lui demande simplement, s'il veut me permettre de partir ou non.

(J'ai prononcé ces derniers mots d'un ton d'humeur.)

Le Corregidor. *Qui êtes vous, Monsieur, vous qui prétendez que tout se fasse à vôtre tête, & sans retard?*

Moi. Il importe fort peu qui je sois: mais voici un passeport qui vous dira que je suis un voyageur, & ne suis point un Vagabond.

En disant ceci, je l'ai tiré de ma poche, & le lui ai présenté. Il étoit du Comte de *Fuentes* Ambassadeur d'Espagne à la Cour Britannique.

Le Corregidor l'a lu d'un bout à l'autre avec beaucoup de phlégme; ensuite me le rendant d'un air moqueur, il m'a dit: *Usted saldra à l'instante, si quiere para Ma-*

drid. *Usted sabe muy bien Español. Voya Usted con la madre de Diòs.* Vous partirez dans l'instant si vous voulez pour Madrid. Vous parlez bien l'Espagnol : allez vous en : la mere de Dieu vous accompagne. En finissant ces derniers mots il s'est levé, & est sorti. J'en ai fait de même, après avoir tiré ma profonde révérence à la *Señóra Fernanda* qui a eu bien soin de ne pas nous quitter pendant toute l'entrevue.

Quelle singuliere façon d'agir ! me suis-je dit en moi même en marchant, ôser se montrer à des étrangers en robe de chambre & avec un bonnet gras ! Qu'a-t-il voulu dire avec ses louanges ironiques sur mon habileté dans la langue Espagnole ! en verité je m'y perds.

Je suis arrivé à la *Posada*, & j'ai rendu compte à la Dame Suisse de la réception qu'on m'avoit faite, j'allois me répondre en louanges sur la politesse & le bon sens du Corregidor.

Arrêtez, arrêtez, m'a-t-elle dit, avec franchise ; vous vous êtes mal comporté, parlant aussi bien Espagnol que vous le faites, vous auriez du savoir que vous lui manquiez en vous servant avec lui du terme d'*Usted*, & en l'employant avec sa gouvernante la premiere fois que vous l'avez vue on ne se sert point en parlant à un homme de son rang du familier *Ufted* ou *Vueſſa Mérced* on lui dit *Vueſenória* ou *Uſia*, ou *Vueſtra Senória*. Comment pouvois vous ignorer ces diſtinctions! Il a ſurement été piqué de vôtre hauteur, ou plutôt il a cherché à ſe divertir de vôtre impoliteſſe, & à vous embarraſſer, car je le connois pour un homme d'eſprit, bien élevé & qui ne hait point les étrangers ainſi que font pluſieurs de ſes Compatriotes.

Quelle que ſoit mon habileté dans l'Eſpagnol, lui ai-je dit, le Corregidor à toujours tort d'avoir pris en mauvaiſe part une erreur qu'il auroit du ſuppoſer n'être point volontaire. Il faut qu'il ne ſache d'autre langue que la ſienne pour ignorer que les étrangers ſont ſouvent peu inſtruits de ces formalités minutieuſes, que l'on n'apprend jamais dans les livres mais uniquement par la pratique. Il auroit au moins dû me demander ſi j'avois été ci-devant en Eſpagne; & il y auroit eu de la généroſité à lui de me faire connoître ma faute: cette conduite auroit été honnête & digne d'un homme de ſon caractere.

Certainement, m'a-t-elle dit, il auroit mieux fait, mais il eſt quelquefois ſujet à des caprices.

Et le bonnet gras, lui ai-je dit, que dites vous du bonnet gras?

Vous êtes un nouveau débarqué en Espagne, a repliqué la Dame, & ne savez pas que des gens d'un rang fort au-dessus du sien à *Madrid* même ne se font pas scrupule de recevoir des Grands d'Espagne, & des femmes de qualité dans ce même habillement. Cette coutume de paroître en bonnet, en robe de chambre & en partoufles est si générale dans ce pays, & les vieillards y sont si fort attachés, que personne n'a jamais pensé à s'en formaliser.

Pendant que nous continuions à nous entretenir sur ce ton, l'homme à la verge blanche est entré, & ôtant à peine son chapeau en forme de champignon, nous a dit que *l'imbargo* étoit levé, & que nous pourrions partir quand nous voudrions. La Dame m'a dit en François qu'il seroit à propos de lui donner quelque chose, je ne l'ai pas voulu pour le punir de ce qu'il avoit refusé de me parler chez le *Corrégidor*.

J'ai fait appeller l'hôte, & l'ai prié de me trouver un nouveau *Calessero*. En voici un tout prêt m'a-t-il dit, en me montrant un jeune drôle dont la figure m'a plu d'avantage que celle du vieux *Dom Manuelo*. Comment t'appelles-tu, mon ami?

Francisco est mon nom. Eh bien, *Francisco*, veux tu me conduire moi & cette chaise à Madrid ? oui. Combien te donnerais-je ? Tant. D'accord. Va, appelle *Yago*, attelle, & partons. La carte *Senor Posadero*. La voici, voilà votre argent, & voici *par las alfileres a la muchacha, pour les épingles de la servante*.

J'ai pris congé de la Dame Suisse, charmé de son bon sens, faisant des vœux bien sinceres pour la réussite de son affaire à Madrid. Elle est montée dans l'instant en chaise ; mais je n'ai pû monter dans la mienne qu'une heure après, *Yago* étant allé faire visite à son camarade en prison. Il étoit quatre heures lorsqu'il est revenu, il vouloit coucher à *Talavera*, je m'y suis opposé.

Je ne dirai que peu de chose de cette ville, quoique j'y aie séjourné près d'un jour. *Mariana*, le fameux historien Espagnol étoit né dans ces murs, les anciens Romains lui donnoient le nom *d'Elbora*. Elle m'a parue peuplée, & commerçante. Outre la manufacture d'étoffes de soye, dont j'ai déjà parlé, il y en a plusieurs autres, une surtout de fayance fort estimée dans toute la Province qui occupe plus de cent ouvriers. Quelques-uns de ses Edifices, des Eglises, & des autres bâtimens publics ont une très-belle apparence, furtout un hopital, qui à ce qu'on m'a assuré, reçoit entre six & sept cents malades, tant de la ville que des campagnes voisines. Son territoire, spécialement depuis le Vignoble si maltraité hier par les soldats jusqu'à la porte de la ville est un des plus beaux pays que j'aie encore vûs, rempli de vignes, & d'arbres fruitiers de différentes espéces. A une lieue de distance de *Talavera*, & de ce côté, on traverse de nouveau le Tage sur un long pont de bois. M'étant arrêté pour payer le pontenage: *Francisco* m'a dit qu'en allongeant mon voyage de trois lieues seulement, je verrois *Toléde & Arranjuez*. S'il en est ainsi; tourne les têtes des mules vers *Toléde*.

Ainsi demain au soir je verrai cette ville célébre à moins que mes *Callesseros* ne me procurent la connoissance d'un second *Corrégidor*. En attendant je suis dans le Village de *Zevolla*, éloigné de quatre lieues de *Talavera*. Je ne saurois en rien dire, parce que n'y suis arrivé que fort tard, & que n'aiant point diné j'ai grand besoin de souper,

VOYAGE DE

LETTRE XLIX.

Impromptus. Remarques sur les Gentils-hommes voyageurs. Les villes deviennent plus communes.

Toléde (43) 3 Octobre 1760.

Désireux d'arriver à Toléde de bonne heure, j'ai dévancé de beaucoup le lever

---

(43) La fondation de Toléde est fort incertaine. L'opinion commune est que des juifs sortis de la captivité de Babylone vinrent s'y établir, l'an 540 avant Jésus-Christ : ils l'appellerent dit-on, *Toledoth* qui signifie *générations* ou *Mere des peuples*. De ce dernier nom est resté *Toledo*. Les juifs bâtirent dans leur ville neuve une belle synagogue qui y est restée jusqu'au temps de Ferrier de Valence qui la consacra & en fit une église, aujourd'hui *Ste. Marie la blanche*. En général l'origine de toutes les villes a toujours quelque chose d'obscur & de fabuleux & celle-ci ne me paroit pas devoir faire exception.

La ville de Tolede a été une colonie des Romains, & ils y tenoient la caisse où l'on déposoit les trésors que l'on devoit envoyer à Rome. Jules César en fit une place d'armes & une retraite en cas qu'il eût du dessous. Auguste y établit une chambre impériale. Les Goths ayant eu leur résidence à Séville, le Roi Léovigilde la transporta à Tolede qui s'appella pour lors Ville Royale, & ses successeurs la fortifierent & l'ornerent d'un grand nombre

du soleil : mes gens n'étant pas encore prêts, j'ai fait une partie du chemin à pied, j'ai eu soin de prendre un jeune garçon de la *posada* avec moi pour me servir de guide.

d'édifices. Les Maures la prirent l'an 714 mais le Roi alphonse VI la reprit l'an 1085 : depuis ce temps elle est restée à la couronne. Cette ville est dans une situation avantageuse sur le bord du Tage, sa position sur une montagne élevée rend ses rues fort inégales & difficiles, elles sont font la plupart étroites, mais les maisons sont belles. Ce qu'il y a de plus remarquable, est le château royal & la Cathédrale. L'élévation de cette ville fait que l'eau y est rare, & difficile à se procurer dans les parties supérieures : malgré cette incommodité, Tolede est extrêmement peuplée & il s'y fait un grand commerce de soie, de laine, & de draperies, on y fabrique aussi des lames d'épées très estimées. On prétend qu'elles acquierent ce degré d'excellence dans les eaux du confluent du Tage & de la Xamara. On a essayé, par ordre du Roi, les eaux de ces deux rivieres séparément, & l'on a remarqué qu'elles ne sont efficaces que lorsqu'elles sont mêlées ; il n'y a que deux hôpitaux à Tolede, l'un pour les enfans trouvés, l'autre seulement pour les maladies vénériennes. Ce qui prouve clairement combien cette maladie a fait de progrès en Espagne. On croit que le défaut de propreté contribue autant aux ravages qu'elle fait parmi les Espagnols que leur ignorance en Médecine & en Chirurgie.

Tolede est célèbre par plusieurs conciles anciens que l'on compte au nombre de dix-sept, elle a une fameuse université qui a produit de savans personnages ; elle dispute à *Burgos* le titre de Capitale de la Castille.

Le tems étoit calme & frais, & la lune n'auroit pu être plus brillante, le jeune garçon avoit pris sa guitarre, & jouoit en marchant. L'ayant écouté pendant quelque tems, je lui ai demandé s'il savoit chanter; mais au lieu de me répondre, il m'a débité une longue suite de *Sequedillos* ou de *Coplas*. Voici la premiere que j'ai écrite sur le champ.

La Luna sta dorada
Y las estrellas
Haziendos nos favores
Alumbram bellas. (44)

Cette pensée me parut heureusement exprimée, j'ai cru que c'étoit le commencement de quelque chanson connue, & comme j'allois le féliciter de l'application qu'il en avoit faite, il a continué sans hésiter un instant de cette maniere.

Un rato de passeo
Bien de mannana

Si

---

(44) *La lune est dorée,*
Et le ciel brillant
La voute azurée
Quel objet charmant ?

LONDRES A GÊNES.

Si la gente nomiente
Es cosa sana. (45)

Ceci m'a paru aussi facilement exprimé; & quoique moins poëtique m'a étonné davantage. Il a continué trop rapidement pour qu'il ait été possible à ma plume de le suivre, voici la seule que j'ai retenue, qui étoit la derniere, d'un grand nombre qu'il m'a chanté.

La virgen del Rosario
Mi Cavallero
Accompane de passo
Hasta Toledo. (46)

J'avoue que je ne revins pas de ma surprise lorsque je reconnus que ce drôle composoit ses *Sequedillas* impromptu, & que je m'apperçus qu'il les faisoit avec une telle rapidité, & qu'il avoit aussi hâte de

(45) *Du matin la promenade,*
Si l'on en croit le Médecin,
Bien portant ou malade,
Est un remede souverain.

(46) *Vierge que j'ose supplier,*
Daigne accorder ton aide
A ce brave & preux cavalier,
Et le mene à Toledo.

Tome II. I

s'en débarasser que si en les gardant dans sa mémoire leur poids l'eut embarassé, & qu'il eut cherché à s'en décharger crainte d'en être accablé.

Je ne veux pas laisser passer cette occasion sans vous dire, qu'il y a plusieurs jours que je soupçonne que cette contrée fourmille de chanteurs ou de poëtes impromptus. Vous leur donnerez le nom que vous voudrez; je n'osois presque m'avouer ce soupçon: je craignois de paroître ridicule à mes propres yeux; surtout en me rappellant que dans le grand nombre de voyageurs qui ont publié des relations de l'Espagne, aucun n'a jusqu'à présent rien dit à ce sujet, & qu'il n'y a pas un seul écrivain Espagnol qui ait laissé entrevoir la moindre trace qui pût faire soupçonner que sa Nation fût douée de ce talent & qu'il lui fût particulier.

Ce fut à Elvas où ce soupçon me vint & je me souviens bien que lorsque la brune *Téresuela* chanta, il me parut fort étonnant qu'elle fît mention de choses relatives à ce qui se passoit alors; entre autres qu'elle eut trouvé moyen de placer les noms de *Catherine* & de *Paolita* dans une dans une même stance, & un mot de louange pour chacune.

Ce soupçon s'est encore augmenté toutes les fois que j'ai entendu chanter quelqu'un; ce qui est arrivé généralement deux fois par jour, avant-hier un des soldats avec qui je voyageois pensa mettre fin à mes doutes, mais ses *Sequedillas* étoient si obcènes que je le priai de finir, ce qu'il fit sur le champ. Mon jeune paysan vient à la fin de changer mes doutes en certitude.

Ce plaisant personnage a continué; en disant (s'accompagnant toujours de sa guitarre) *que j'étois prudent de marcher tant qu'il faisoit frais, & de me servir de chevaux quand il faisoit chaud.* Il a fait mention de *plusieurs oiseaux qui témoignent au soleil le plaisir qu'ils ont de son arrivée par leur ramage. Et a parlé du chasseur, qui se leve de bon matin pour aller tirer aux perdrix.* Il est enfin venu par degrés à parler de moi, & m'a assuré, qu'il *faisoit grand cas de l'honneur qu'il avoit de me montrer partie du chemin.* Il m'a fait entendre qu'il avoit remarqué ma *libéralité envers une vieille mendiante à la posada*, à laquelle je crois avoir donné un *ou deux ochavo* & sans faire semblant de rien il a glissé fort à propos quelque chose de sa mere, qui est *vieille* & *pauvre*. Au lieu de faire une plus longue énumération de ses idées très-ordinaires, il suffira de dire qu'il a conclu sa chanson par la priere qui je viens de répéter en ma faveur à la *vierge du Rosaire*.

Certainement ses idées étoient simples, la plupart même étoient rendues par des expressions grossieres. Le premier & le troisieme vers de chaque quatrain ne rimoient jamais ensemble. Dans le second & le quatrieme la rime étoit quelquefois exacte; comme *estrellas* & *bellas* quelquefois la ressemblance n'existoit que dans le son, comme dans *Cavallero Toledo*. Cette ressemblance de sons étoit encore plus imparfaite dans quelques unes de ses *Assonancias* (ressemblances de sons) nom que les Espagnols leur donnent l'une desquelles étoit *dicho* & *finos*, & dans une autre *prendas* & *sena*. Malgré ces défauts on y trouvoit de tems en tems des morceaux agréables & élégants qui n'auroient pas déparés les ouvrages de quelques uns des membres de l'Académie des Arcades de Rome. Pour moi je fis peu d'attention à la propriété ou à l'impropriété de ses expressions, & à l'exactitude ou à l'inexactitude de ses rimes. La découverte que je venois de faire de l'existence de la poësie impromptue en Espagne m'occupoit tout entier; & quand ses productions auroient été dix fois meilleures ou dix fois pires, je ne les aurois considérées que rélativement à cette découverte, qui m'étoit beaucoup plus importante, les voyageurs ne sauroient trop donner d'attention à ces particularités qui distinguent les nations les unes des autres.

Je lui ai demandé s'il savoit quelques unes de ces Romances qui se trouvent dans les recueils imprimés. Par *Romance* les Espagnols entendent ordinairement une chanson composée de stances auxquelles ils donnent le nom de *Coplas* ou *Sequedillas* (47) qu'ils chantent communément, ou de vers courts rimés, qu'il prononcent d'un ton chantant semblable au récitatif. Ces *romances* contiennent en général la rela-

---

(47) Suivant le peu de connoissance que j'ai de la langue Espagnole, dit le docteur Clarke, il m'a paru que leurs chansons appellées *Sequadillas* ont un air de simplicité charmant. Il y a dans le *Caxon del Sastre* (coffre du tailleur, ouvrage périodique de Madrid) des morceaux pleins de sentimens d'harmonie, de bonnes moralités, & de pensées agréables, mais on n'y trouve point de plaisanterie d'aucune espece. Leurs chansons roulent toutes sur l'amour, mais cet amour est chaste, & l'Euterpe Espagnole ne se permet pas la moindre liberté.

On distingue parmi les Poëtes Espagnols Don *Alep de Encilla*, *Polo Losraso*, *J. Rufo*, *Barrios Gongora*, *Quevedo*, &c.

Lopez de vega auteur dramatique & du poëme intitulé *Jérusalem conquise*; M. Volf prétend que ce poëte approche beaucoup de *Shakespear*.

tion de quelque miracle, de quelque histoire pieuse, ou de quelque aventure amoureuse & guerriere. On ne sauroit concevoir le nombre de romances qu'il y a dans ce pays.

Je sais assez de *romances*, m'a dit le jeune homme: mais *no de libros, que yo no fee leor*: non de celles qui sont dans les livres, car je ne sais pas lire.

Cette raison pour les ignorer m'a parue satisfaisante. J'ai eu envie de savoir si tous les habitans de son village étoient en état de chanter sur le champ sans préparation comme lui; mais je n'ai pu parvenir à lui faire comprendre ce que je voulois dire, ne connoissant aucune expression dans sa langue capable de rendre notre verbe *improvisare*, chanter *ex tempore*, à l'impromptu.

Cantan tus país anos y tus amigos de repenté y sin libro como tu? Tes compatriotes, & tes amis chantent-ils sans *préparation*, & sans livre, comme toi?

Yo nosé cantax de repenté, m'a-t-il dit, *Que es repenté! yo ne sé loque es. Usted perd one, yo no entiendo la habla de su merced.* Je ne sais point chanter de *repenté* (sans préparation) *Qu'est-ce que c'est que repenté? Je ne sais ce que c'est, pardonnez-moi, je n'entends point votre langage.*

In mi aldea, a-t-il continué avec beaucoup de simplicité, *pocos libros hay. Todos cantan fin libro, Todas cantan y pocos leen. Dans mon village il y a peu de livres. Tous chantent sans livres: toutes chantent, & peu savent lire.* C'est tout ce que j'ai pu en tirer faute de trouver un mot qui équivalût à celui *d'ex tempore* que je n'ai pu rendre que par l'adverbe *repenté*.

Cependant toute insuffisante que soit cette information, je me crois fondé à en conclure, que depuis le torrent *Caya* jusqu'à la ville de Tolede, plusieurs personnes font état de chanter *ex tempore*, les unes mieux, les autres plus mal que mon guide, chacune proportionnellement à son génie, & à ses talents. Il est du moins vraisemblable que toutes tâchent d'y parvenir; & cela étant ainsi, on doit croire que plusieurs réussissent dans cet exercice d'esprit. Pour moi je demeure fermement persuadé qu'il est fort en vogue dans le village de *Zevolla*, & que la majeure partie de ses habitans chantent *ex tempore* aussi bien que ce jeune homme. Je ne doute pas, & il est même clair, que s'il avoit ce talent singulier, & qu'il fît seul ce que ses compatriotes seroient hors d'état de faire, leur admiration le lui auroit appris,

& lui auroit inspiré par degrés une idée plus avantageuse de ses talens qu'il ne paroit l'avoir. Tandis qu'ils n'ont pour lui que la considération qu'on a pour quelqu'un de la basse condition, ce qui est une preuve décisive que rélativement à eux il ne fait rien que de très-ordinaire lorsqu'il exprime ses pensées telles qu'elles lui passent par la tête, & les met en rimes impromptues, ou pour parler plus correctement, il ne fait que ce que les autres font avec autant de facilité que lui. Comme je ne tarderai pas à être à Madrid, où j'espere pouvoir me fonder sur autre chose que sur des conjectures, excusez mon impatience, je crains de pouvoir à peine dormir jusqu'à ce que je sois parvenu à éclaircir ce point à mon entiere satisfaction.

En attendant, je crois pouvoir assûrer que cette faculté de chanter *ex tempore* n'appartient pas exclusivement (ainsi que je l'avois toujours cru) aux Italiens, ou pour parler plus correctement, aux seuls Toscans: peut-être la poësie impromptue des Toscans est elle plus élégante en tout que celle des Espagnols, parce que les regles de la saine critique sont en général mieux connues, autant que j'ai pu m'en appercevoir en Toscane, que dans aucune partie de l'Estramadoure, où l'on est moins
oc-

occupé de cette étude que chez nous. Je ne vous donne tout cela que pour de simples conjectures fondées sur des autorités assez légeres, que je tâcherai de vérifier. En attendant il me semble que les Espagnols n'emploient jamais dans leurs chansons cette espece de stances que nous nommons *Ottava*, quoiqu'ils la connoissent aussi bien que nous, & qu'ils s'en servent dans d'autres compositions, de la même maniere dont nous en faisons usage dans les ouvrages du genre Epique. Nous nous en servons plus souvent que d'aucune autre mesure ; les Espagnols sont les seuls qui emploient dans leurs mesures courtes lyriques des *Sequedillas*, de quatre vers chacune, quelquefois tous quatre de même mesure, d'autres fois le second & le troisieme sont moins longs que le premier & le dernier, & il arrive aussi souvent tout le contraire. A pareilles stances de quatre vers ils ajoutent dans certaines occasions un *Estrevillo*, qui est une façon de seconde partie consistante en trois vers. Tout ceci, à ce que je pense, dépend des airs sur lesquels ils jugent à propos de chanter ; j'ai déjà observé qu'ils en avoient plusieurs. Voici une exemple d'une *Sequedilla* suivie d'un *Estrevillo*.

Tome II. I 5

SEQUEDILLA.

Porque todos me dicen.
Que eres muy fino
Yo por esso he pensado
Que seas mio.

ESTREVILLO.

Que quiero sea
El que à mi mellevare
Como jalea. (48).

Cette *sequedilla* étoit une du grand nombre de celles que *Teresuela* chanta à *Elvas*. En les chantant elle jetta à la dérobée un coup d'œil charmant sur un jeune homme avec lequel, à ce qu'on m'assura, elle ne tarderoit pas d'être mariée, il l'en remercia par une révérence. Les paroles, le coup d'œil, & la révérence, me firent naître la première idée du talent des Espagnols pour les chansons impromptues, & quelques couplets que chanta encore cette

---

(48) Nous croyons inutile de traduire cette *Sequedilla*: elle signifie: comme tout le monde me dit que vous êtes très belle, j'ai pensé que je devois m'assurer de vous, & l'*Estrevillo* y sert de réponse & porte : je serai telle que celui qui m'obtiendra me souhaitera, ce qui n'a pas grand sens.

aimable fille me firent résoudre à chercher à découvrir s'il étoit particulier à cette nation, ce que je crois avoir à peu près effectué.

Dans une langue, cependant, aussi flexible que l'est l'Espagnole, qu'il est si aisé de réduire en mesure, & qui est entre les mains de gens qui s'attachent peu à l'exactitude de la rime: il ne doit pas être bien difficile d'enfanter des productions pareilles à celles que j'ai citées. Mais plus la facilité est grande, moins elle doit donner de plaisir à une oreille délicate, & il est certain que si, au lieu de se donner d'aussi grandes licences avec leurs mesures qu'ils le pratiquent, & se servant au hazard de *rimas* & *d'assonancias*, ils vouloient s'assujettir (à l'exemple des Toscans) à des formes régulieres, de *stanzas* & à des rimes correctes, il est clair, dis-je, que la satisfaction de voir tout d'un coup plusieurs difficultés considérables vaincues par un génie vif, & brillant, approcheroit, pour quelqu'un de sensible aux charmes de la poësie, du plaisir le plus ravissant. Ce seroit un acheminement à la perfection de l'art *d'improvisare*, qui deviendroit le plus délicieux de tous les arts. S'il étoit jamais porté au dégré où il pourroit parvenir; je crains bien que les Espagnols & les Italiens ne fassent jamais ce qu'il faudroit pour cela. Celui de tous ceux dont j'ai ouï parler qui a fait le plus progrès dans cet art étoit un *Giovanni Sibiliato* de Venise. Quoique ce ne fût qu'un simple ouvrier, il avoit beaucoup de talents, & lisoit constamment & attentivement nos meilleurs poëtes. Il n'est point impossible qu'il ne se trouve plusieurs personnes en Espagne qui s'assujetissent à une mesure, & à des rimes correctes comme fort assez ordinairement les Toscans; mais je crains qu'il ne me soit pas possible de séjourner assez longtems dans ce Royaume pour décider avec justesse laquelle des deux nations mérite la préférence à cet égard.

Soit que les *Improvisatori* Espagnols valent mieux ou moins que les nôtres, ne vous paroît-il pas étonnant qu'aucun voyageur n'ait jusqu'à présent parlé d'eux? Je suis très-certain qu'on n'en trouve pas la moindre trace dans les écrivains de cette nation; je n'ai rien vu à leur sujet dans la quantité de livres Espagnols que j'ai feuilletés dans ma jeunesse. Cependant je ne suis nullement surpris de leur silence total sur ce chapitre: on s'embarrasse peu d'instruire le public d'une chose qu'on s'imagine lui être parfaitement connue, & si les chansons impromptues sont tout à fait familieres, ainsi que vous commencerez à le croire, à la majeure partie des Espagnols, il n'est pas surprenant qu'ils pensent, que toutes les nations soient en état de faire dans leurs langues respectives, ce que leurs compatriotes font dans la leur, sans en excepter même les gens de la dernière classe, & qu'ils croient inutile d'en informer l'univers.

Mais ce qui me paroît encore plus surprenant que cet usage même, c'est qu'aucun étranger voyageant en Espagne, n'ait fait la moindre attention à une pratique si peu ordinaire en d'autres pays, & si frappante dans celui-ci. Telle est cependant la négligence avec laquelle les Voyageurs parcourent les différens pays qu'ils visitent, même ceux qui ont toujours la plume à la main! Lorsqu'ils ont dit d'après ceux qui les ont précédés, que les Espagnols sont fiers, graves & paresseux; les François étourdis, confiants, & causeurs; les Italiens rusés, jaloux, & superstitieux, les Anglois grossiers, peu hospitaliers, & philosophes, la majeure partie des auteurs de relations de voyages croient avoir beaucoup fait, & qu'ils ont droit de s'attendre à une considération extraordinaire de la part de leurs concitoiens. Quand à moi il y a long-temps que j'ai pour une partie de ces

Messieurs le peu de considération que méritent ceux qui entretiennent les préjugés, les faussetés, & les calomnies; & pour les autres tout le mépris qui doit être le partage d'observateurs superficiels, peu véridiques, & négligeants: pensez au grand nombre de ceux qui ont visité la Grece & la Turquie dans différens siécles! pensez à leur habileté à d'écrire des pierres brisées, & à copier des inscriptions à demi-effacées, ou à déméler la politique du Divan, & les intrigues du Serrail! avec tout cela il ne se trouve, dans ce nombre inconcevable de Voyageurs, personne qui ait sçu observer un usage commun en Grece & en Turquie, qui n'est pas moins singulier que salutaire, & il a fallu fallu à la fin que cette partie occidentale du globe ait été instruire de la pratique de l'Inoculation par une Dame, (49) & cela à l'honneur éternel du discernement de plusieurs milliers de Voyageurs, dont nous avons les Rélations.

Les *Calesseres* m'ont joint dans un Village nommé *Carichez* éloigné d'environ deux lieues de *Zevolla*, & j'ai été obligé de me séparer dans cet endroit de mon gui-

───────────────

(49) Madame de Montagu, femme d'un Ambassadeur Anglois à la Porte.

de Poëte : si j'avois été riche, je l'aurois engagé à rester avec moi, & il auroit été plutôt mon Compagnon que mon Domestique. Mais semblable en ceci à Henry IV. qui avoit coutume de dire en parlant de lui-même qu'il étoit mieux pourvu de libéralité que des facultés de l'excercer, je fus contraint de le laisser partir. N'étant pas en situation de le traiter comme son génie le méritoit, je me rappellai cependant ce qu'il avoit eu soin de m'insinuer adroitement, en me disant qu'il avoit une pauvre mere.

J'ai monté dans ma chaise, j'ai traversé *Zenindote*, & j'ai vu le Château de *Baziente* situé sur une éminence à quelque distance, vers le neuf heures je me suis arrêté à *Rialves*, à mesure que j'avance le pays devient plus peuplé, à *Rialves* je me suis entretenu avec le Curé que j'ai trouvé causant avec le *Posadero*, je lui ai fait plusieurs questions relatives à l'usage *d'improvisare* : mais ne sachant pas assez l'Espagnol pour bien exprimer mon idée, je n'ai jamais pu lui faire comprendre la différence qu'il y a entre un ouvrage prémédité, & un impromptu. Le mot *impromptu* ou *ex tempore* continuoit à m'embarrasser, je ne pouvois en trouver aucun qui y équivalût. Il me nommoit à chaque mot *Caro-*

amigo (cher ami) je lui suis très obligé de son urbanité, il a fait un grand étalage de ses connoissances en fait de Poësie, dont je n'étois nullement curieux.

A quatre heures après midi nous avons traversé une Riviere nommée *Guadarrama* sur un pont assez ordinaire, & à cinq heures nous sommes arrivés à Tolède. A la porte mes malles ont été visitées, seulement pour la forme, c'est-à-dire qu'on n'a fait que les ouvrir & les fermer. Depuis cette porte nous avons trouvé une montée très-rapide, longue de près d'un quart de mille, & nous nous somme arrêtés à une *Posada*, dont le nom traduit littéralement en Italien, en François ou en Anglois paroitroit très-profane : les Espagnols abusent des termes religieux d'une maniere qui scandaliseroit les athées mêmes des autres pays : c'est ainsi qu'ils appellent une hotellerie *La Sangre de Christo* qui mérite à peine d'être regardée & qu'on croiroit ne pas devoir être habitée par le dernier des mortels.

LETTRE L.

Cathédrale vaste & riche Alcazar. Rite Mozarabique. Faits & gestes de Ximenès. Histoire d'Abulcacim. Géant de fonte dans une Cave. Sinagogue; Charles V. & Navagero.

Tolède, 4 Octobre 1760.

Comme cette ville se trouve située sur sur une éminence assez considérable, on est étonné de loin à la vue de ses dômes, & de ses clochers, avec ce qui reste encore sur pied de son Alcasar, & des murs qui l'environnent ornés d'un grand nombre de tours. Malheureusement la majeure partie de ses maisons sont mesquinement bâties, ses places sont irregulieres, les rues en sont étroites, mal pavées, & peu propres.

Je ne plains pourtant point les trois lieues de plus que j'ai faites; la Cathédrale mériteroit seule qu'on fit cent lieues pour la voir. C'est un édifice gothique (50)

---

(50) M. Clarke dit qu'elle n'est pas d'une grandeur bien extraordinaire, elle l'est cependant beaucoup plus qu'aucune Cathédrale Gothique de son pays.

qui peut être presque comparé pour l'étendue à celle de Milan. Elle a trois nefs très-larges, quelques-unes de ses chapelles des côtés pourroient passer dans beaucoup de villes d'Europe pour des Eglises passablement grandes. C'est dommage qu'elle soit trop basse pour sa longueur & sa largeur. Il me fut aisé de compter les figures sans nés au frontispice d'Exeter; il n'en est pas de même de celles d'ici qui sont également toutes sans nés. On peut observer que les Architectes Gothiques ne manquoient guere d'accabler les frontispices de leurs Eglises de statues ou de figures en bas reliefs.

On ne sauroit s'étonner de ce que cette Cathédrale soit entiérement bâtie en pierres de tailles, ni de la quantité de marbre emploié dans ses différentes parties; parce que le marbre & les pierres de taille abondent de toutes parts dans cette région pierreuse, mais on ne peut retenir sa surprise en voyant la quantité & la magnificence des ornemens qui la décorent. Représentez-vous les marches d'un autel d'argent massif, & quelques statues du même métal enrichies de diamants, de rubis & d'émeraudes! La profusion éclate à travers tous ces ornemens d'une maniere si marquée qu'on croiroit que ceux qui ont été chargés de ces embelliffemens n'auroient fu que faire pour fe débaraffer des immenfes tréfors qui leur avoient été confiés: outre ces marches d'argent, il y a encore une grande grille, dont les barreaux en font auffi; & malgré ces ftatues d'argent, il s'en trouve un affez grand nombre de fonte ou de marbre, dont quelques-unes viennent de Rome, ce qui joint à l'excellence de leur fculpture les rend auffi précieufes que fi elles étoient d'argent pur.

Il y a encore des Tabernacles, des chaffes, des calices, des lampes, des candelabres, des croffes, des mitres, des patennes, des crucifix, des reliquaires &c. &c. quelques-uns d'or, & quelques autres d'argent: tous ornés de quelque Pierre remarquable par fa groffeur & par fa valeur outre un très-grand nombre de plus petites. Mais que penferez-vous d'un Soleil dont le poids eft fi énorme qu'il ne faut pas moins que la force réunie de trente hommes pour pouvoir le porter toutes les fois qu'il eft proméné en proceffion? Je ne dois pas oublier non plus quantité de chaffubles & d'autres vêtemens facerdotaux brodés en perles & en pierres précieufes. Ceux qui ne font brodés qu'en or, font fi peu confidérés, qu'on les met tous les jours; le prêtre qui a célébré ce matin la grande messe m'a paru à une certaine distance entierement couvert de figures d'or.

La plus grande partie de ces richesses, (51) dont l'énumération exigeroit un volume considérable sont conservées dans plusieurs apartemens & cabinets, ne paroissent qu'aux fêtes solemnelles. Quelle ne doit pas être l'indignation d'un artisan nécessiteux en voyant un capital si considérable enfermé inutilement dans une Eglise! Capital qui mis dans le commerce, enrichiroit plusieurs milliers d'individus, & feroit le bonheur de la nation entiére! Quelle pitié que les Espagnols ne soient pas mieux avisés! (52)

(51) M. Clarke en parlant de cette Cathédrale, observe finement, qu'on y en tireroit un grand pillage on ne sauroit faire une pareille remarque sur l'Eglise de St. Paul ou sur l'abbaye de Westminster, & il est fort bien que cela soit ainsi; cependant un Ecclésiastique qui se pique de penser si Orthodoxement auroit pu décemment se dispenser d'une pareille suggestion, malgré sa haine pour les pompes & le faste du papisme (*note de l'auteur.*)

(52) Voici ce que dit le Docteur Clarke sur cette Cathédrale & les trésors qui y sont renfermés. Le lecteur peut juger s'il a mérité la note précédente dont l'auteur le gratifie.

,, La Cathédrale répond bien par ses trésors & ses ri-
,, chesses aux immenses revenus de son archevêché, mais
,, le bâtiment est assez maussade. L'Eglise n'est ni lon-

Il s'y trouve encore plusieurs superbes tombeaux des Rois, de Reines, d'Arche-

„ gue ni large & est chargée de vieilles sculptures. Elle
„ est d'une Architecture Gothique, mais des temps mo-
„ dernes; elle manque de jour & l'on n'y voit rien de bon
„ goût..... Le nombre des perles, des diamans & au-
„ tres pierres précieuses renfermées dans le trésor de cet-
„ te église est inconcevable & sans prix. La plûpart des
„ autels & des gradins par où l'on y monte sont de ver-
„ meil où d'argent massif bien doré. Il y a quatre figu-
„ res représentant les quatre parties du monde, montées
„ sur des globes de deux pieds de diametre, ornées des
„ pierres précieuses qui se trouvent dans les pays qu'elles
„ représentent. Les globes sont portés sur des piedestaux
„ & le tout peut faire environ 10 pieds de hauteur. Tout
„ est d'argent massif, & les piedestaux & les globes & les
„ statues. Je ne parle pas d'un nombre infini de chas-
„ ses, de vases précieux, de lampes, de chandeliers,
„ tous d'argent massif...... je ne sçais si Nabuchodo-
„ sor & Titus ont enlevé plus de richesses du Temple de
„ Jérusalem qu'il y en a dans cette Capitale de To-
„ léde.
„ Les Revenus de l'Archevêché sont les plus forts qu'il
„ y ait en Espagne, ils montent, dit on, à 30000 Livres
„ Sterlings [à peu près 700000 Livres de France].....
„ je ne puis m'empêcher de vous faire part de ma sur-
„ prise au sujet des trésors immenses ensévelis dans ces
„ églises. Est-il possible que la piété seule ait fait imagi-
„ ner de renfermer dans les coffres d'une sacristie cette
„ prodigieuse quantité d'or & d'argent qui ne contribue
„ en rien à la gloire de Dieu, & ne sert point au profit
„ des hommes? J'ai ouï dire que M. *Mancanas*, Ministre

vêques, & d'autres Grands. Le plafond, & les murs de cette Eglise sont ornés d'une très-grande quantité de tableaux dont le plus surprenant est un St. Christophe d'une figure si gigantesque que le *Caligorante* de *Boyardo* n'étoit qu'un nain en comparaison: pour vous en donner une idée il suffira de vous dire que le gros orteil de ce saint est de la grosseur de mon corps.

On fait usage dans cette Eglise d'un rite auquel on a donné le nom de *Mozarabe*, ou *Mozarabique*, institué originairement par un Evêque de Seville nommé St. Isidore, qui étoit contemporain & ami de St. Grégoire surnommé *Le Grand*. On a lieu de croire que St. Grégoire a fourni à St. Isidore la *Préface* de la messe, qui ressemble beaucoup à celles dont se sert

„ Plénipotentiaire de Philippe V. au Congrès de Breda,
„ proposa de faire circuler pour les besoins de l'Etat cet-
„ te masse d'or inactive & enterrée: mais les moines &
„ les prêtres empêcherent que son projet ne fût agréé,
„ & trouverent ensuite les moyens de le rendre odieux
„ au Roi, & de le faire exiler ..... malgré le sort de ce
„ zélé citoyen, il s'est trouvé depuis encore un homme
„ de genie assez courageux pour oser reprendre le même
„ plan & le proposer aux Ministres, peut-être que son
„ projet, sous ce regne, sera mieux accueilli que le
„ premier ..... '

dans l'Eglises de Milano, & qu'on distingue du rite Romain par l'épithete de rite *Ambrosien*.

Ce rite a mérité le nom de Mozarabique, parce qu'il a été conservé par les chrétiens, qui après la conquête de l'Espagne par les Maures, ou Arabes, ne jugerent pas à propos de s'expatrier, mais demeurerent parmi leurs vainqueurs, qui leur permirent d'exércer la Religion de leurs Ancêtres, & pousserent la tolérance jusqu'à leur laisser la majeure partie de leurs Eglises. Il se trouve actuellement à Rome un certain pere *Lesleo*, très-profond dans l'érudition Ecclesiastique, qui est occupé à préparer pour l'impression un missel Mozarabique, qu'il se propose d'enrichir de nottes, & d'observations sur les différences qui se rencontrent entre les rites Mozarabiques, Ambrosiens & Romains.

Je ne saurois décider quelle est la différence qui se trouve entre le service tel qu'il se celebre aujourd'hui à Toléde, & celui qui a été comme je l'ai déja dit institué par St. Isidore. Le fameux Missel, & le Bréviaire publiés par ordre du Cardinal Ximenès à la requete des habitans de Toléde sont à ce que je crois tout-à-fait hors d'usage depuis long-temps, & il n'y a que quelques antiquaires en matieres Ecclésiastiques qui se les rappellent. Il est vrai cependant que l'on en reconnoit encore quelques vestiges dans leur maniere d'Officier.

Je m'imagine que lorsque vous en viendrez à ces derniers paragraphes vous aurez peine à retenir vôtre surprise de me voir parler si familiérement des rites Mozarabiques, Ambrosiens & Romains, vous qui savez que mes études n'ont jamais été dirigées de ce côté. Mais c'est nôtre vieux ami le Chanoine *Irico* qui m'a guidé dans ce que je vous dis sur cette matiere. Il y a quelques mois que l'ayant prévenu de ma résolution de visiter l'Espagne, il m'a écrit une longue lettre dattée *de Trino* (53) au sujet des rites Ecclésiastiques, par laquelle il me prie, si je passe à *Toléde*, de tâcher de lui procurer quelques informations relativement au Mozarabique.

Pour satisfaire à sa demande, j'ai été ce matin de bonne heure chez un savant prêtre, qui est emploié à la Bibliotheque de cette Cathédrale, & en lui montrant la lettre de mon ami, il m'a promis très-honnétement de m'addresser à Madrid la meilleure relation historique de ce rite, qu'il lui sera possible de se procurer, ainsi que de

_____
(53) Petite Ville du Montferrat.

de ses diverses révolutions depuis son institution, s'il tient parole, comme je n'en doute pas, le *Chanoine* sera très-heureux, par un moyen qui contribueroit au bonheur de fort peu d'autres gens. Mais il s'en trouve dans ce monde dont les plaisirs intellectuels paroissent singuliers au gros des humains, & qui sont cependant bien loin d'être déraisonnables, rechercher comme fait notre Chanoine les anciennes institutions, & les coutumes qui peuvent contribuer à déployer les différentes nuances, & les différentes tournures de l'esprit humain, & servir à marquer les gradations des changemens qu'ils ont subi dans les révolutions des affaires de ce monde, est une occupation qui sera souvent tournée en ridicule, & méprisée par ceux dont le genie est superficiel & borné, mais elle méritera & obtiendra toujours quelques louanges de la part des gens sensés, & dont les vues ont une certaine étendue.

J'aurois souhaité voir la Bibliotheque de la Cathédrale, elle contient à ce qu'on m'a dit un immense trésor de littérature; mais elle ne pouvoit pas s'ouvrir aujourd'hui, & demain je me propose de partir: on ne sauroit séjourner assez longtems dans chaque endroit pour y voir tout ce qui mérite d'être vu; surtout quand on a comme moi quatre hommes & quatre mules à nourrir.

Le Cardinal Ximenès dont j'ai déjà fait mention a été un si généreux bienfaiteur de cette Cathédrale, que l'on continue jusqu'à ce jour à dire une priere pour son âme à la fin de toutes les messes qu'on y célebre. Ce prélat étoit un des plus grands hommes qui eussent paru jusqu'alors c'étoit à la fois un grand politique, un soldat intrépide, un savant très-profond, & un saint ou à peu près. Ayant été nommé à l'Archevêché de Toléde n'étant encore que pauvre moine Franciscain, & élevé peu après au Cardinalat, il forma deux grandes entreprises toutes deux d'une nature bien différente; qui lui firent un grand honneur. La premiere fut l'édition de la Bible Polyglotte, (54) exécutée sous ses au-

(54) Cette fameuse Polyglotte est la premiere qui ait existé. Elle est écrite en quatre langues. Latin, Grec, Hebreu & Chaldéen. Elle est en 6 vol. in *fol.* elle a servi de modele à celle de Walton, qui est plus exacte, & à la celebre Polyglotte de Le-jai imprimée à Paris. Don Alvaro Gomez qui a écrit la vie du Cardinal Ximenès dit que ce grand homme craignant que les mysteres de notre religion ne souffrissent quelque atteinte par la mauvaise interprétation qu'on pourroit donner à quelques passages de l'Ecriture s'apperçut que les Espagnols lisoient très peu les livres de l'ancien testament, qu'alors sa crainte changea d'objet, & qu'il apprehenda que l'étude de ces saints li-

épices, & qui occupa pendant plusieurs années les premiers savans d'Espagne: l'autre fut la levée d'une armée à ses dépens, qu'il envoya conquerir *Oran* (55) en Afri-

tres ne leur devint totalement étrangère; Ximenès ordonna donc que l'on fît une édition de la Bible, afin de remédier aux désordres dont il étoit témoin. Dans cette édition les livres de l'ancien testament sont divisés en trois colomnes. La première contient le texte Hébreu; la seconde la vulgate, & la troisieme la version des septantes, & à la fin de chaque page est placée la periphrase Caldéenne avec sa traduction Latine. Le nouveau testament, outre la vulgate, renferme le texte Grec très-correct il y a dans le dernier volume un vocabulaire des phrases & des mots Hébreux, qui a fait l'admiration des sçavans. Le Cardinal n'épargna ni peines ni argent pour la perfection de cet ouvrage: il fit venir des sçavans de tous les pays & fit des recherches dans toutes les Bibliotheques. Celle du vatican lui fut de la plus grande utilité, ainsi que celle des Médicis, pour donner une idée des dépenses faites par ce Cardinal, il suffira de sçavoir que sept manuscrits hébreux que l'on gardoit à Alcala lui conterent 4000 écus [45000 livres de France] cette Polyglotte fut commencée en 1502 & ne fut terminée qu'en 1517 précisément l'année de la mort de Ximenès.

(55) *Oran* vi'le très-importante au Royaume de Trémécin en Afrique. Ce fut en 1509 que le Cardinal s'en empara: les Algériens la reprirent en 1708. le Comte de Mortemar la leur enleva en 1732 pour les Espagnols. Elle est à un jet de pierre de la mer, partie dans une pleine, partie sur la pente d'une Montagne fort escarpée, vis-à-vis de Carthagène.

que pour la Couronne d'Espagne, qui l'a toujours possédé depuis. Vous avez sans doute oui dire, qu'après le Pape, l'Archevêque de Toléde est l'Ecclesiastique le plus opulent de l'univers. On a pourtant dans ce dernier siecle considérablement diminué ses revenus; malgré cela ce qui lui reste surpasse de beaucoup le revenu des prélats des autres pays.

Environ cinquante Chanoines sont attachés à cette Cathédrale, outre les Archidiacres, les Chapelains, & les autres prêtres: on leur assigne à tous des prébendes, & des appointemens qui les mettent en état de vivre d'une maniere convenable. Je m'imagine que ce qui est nécessaire pour l'entretien de tout ce monde, ainsi que celui d'Archevêque se tire de différentes Provinces du Royaume car en supposant même que tout le territoire de cette ville leur appartint son produit n'équivaudroit pas au tiers leurs revenus.

Suivant les comptes authentiques conservés avec soin, l'Eglise de St. Pierre à Rome, avec tout ce qu'elle contient a couté près de treize millions sterlings, & St. Paul à Londres près de treize cent mille Livres. J'aurois voulu savoir de combien les dépenses de cette Cathédrale excédoient celles de Londres, ou de quelle somme elles différoient de celles de Rome, l'honnête Ecclésiastique auquel je me suis adressé pour avoir l'information rélativement au rite Mozarabique, n'a pas été en état de satisfaire ma curiosité, il n'a aucune connoissance certaine qu'on en ait jamais tenu un compte exact, ni qu'on ait jamais calculé la valeur des choses précieuses qu'elle renferme, la plupart sont des presens faits par différens Rois, Reines d'Espagne & autres grands personnages : d'ailleurs plusieurs anciens Mémoires ont été detruits par le laps des temps ; cette Cathédrale ayant été batie il y a prés de de neuf siecles & déclarée Métropole de l'Espagne environ deux cents ans après sa fondation.

Le second édifice renommé de Toléde est le palais Archiépiscopal. Mais au lieu de m'y rendre, j'ai été voir *l'Alcazar*; qui est un Palais Royal situé sur le penchant d'une colline à peu près perpendiculaire, & élevée d'environ cinq cents pieds au-dessus du Tage, dont les eaux passent au-dessous.

De la grande place qui est devant *l'Alcazar*, ou de ses fenètres, on découvre une immensité de pays, qui paroit peu fertile entrecoupé d'une quantité de rochers,

qui en rendent cependant le coup d'œil
aſſez agreſte ; nous avons un voyage
d'Eſpagne imprimé, où il eſt fait mention
de quelques-unes de ſes Provinces par une
Comteſſe Françoiſe qui l'a publié il y a près
de quatre vingt ans. (56) Elle y a inſéré
une déſcription de cet *Alcazar*, qui nous
inſtruit de l'état où il étoit alors : je crois
même avoir regardé par la même ſenêtre
d'où elle obſerva le pays des environs.
L'*Alcazar* étoit dans ce tems-là en bon
état, & habité par une Reine d'Eſpagne.
Mais la guerre de la ſucceſſion lui a été
funeſte, malheureuſement les Anglois &
les Portugais pénétrerent juſqu'à Toléde,
& y mirent le feu ; de ſorte qu'il n'en
reſte plus que les murs de côté qui ſont
fort endommagés , quelques-unes de ſes
colonnes de marbre, une petite partie du
grand eſcalier , & cinq ou ſix chambres.
Encore quatre vingt autres années, & ſui-
vant toute apparence ces pauvres veſtiges
n'exiſteront plus, il n'en reſtera que de
ſimples traces ; car ils dépériſſent viſible-
ment, & ſe couvrent de mouſſe, d'épines,
& de mauvaiſes plantes.

Depuis ce coteau élevé on découvre

---

(56) *Voici le titre de cet ouvrage* , Relation du Voyage d'Eſpagne à Paris MDCXCIX. en trois volumes 8vo.

les deux plus vaſtes hopitaux de Tolede, l'un pour la réception des enfans trouvés, l'autre *por los que ſtan mal de mugeres*; (mal Vénérien) expreſſion dont s'eſt ſervie la perſonne à laquelle je demandai à qui cette maiſon étoit deſtinée. Ce ſecond hopital n'a cependant à préſent qu'un très-petit nombre de malades, la maladie que l'on y traite ayant, depuis ce dernier ſiecle, beaucoup diminué de ſa fureur primitive dans toute l'Eſpagne, à ce qu'on m'a aſſuré.

L'on voit auſſi du ſommet de ce côteau un beau pont compoſé de deux arches qui traverſe le Tage, qui roule ſes eaux avec un grand bruit & beaucoup de rapidité. On le nomme le pont d'Alcantara : au délà de ce pont eſt un édifice ruiné qu'on nomme *el Caſtillo de ſan Cervantes*.

Sous les ruines de ce château, la populace de Tolede eſt fortement perſuadée qu'il ſe trouve une ouverture, qui a été faite dans le roc, & fermée par une forte porte d'airain. Si l'on entroit, *diſent-ils*, par cette porte; on ſeroit conduit ſous une caverne enchantée, qui renferme des choſes horribles. Perſonne n'a encore oſé toucher à cette porte, bien moins l'ouvrir pour s'introduire dans cette Caverne, à l'exception du furieux *Don Rodrigue* dernier Roi Goth d'Espagne.

Ce Don Rodrigue avoit appris par tradition, que quiconque y entreroit, seroit instruit de la destinée du Royaume dont il se trouvoit possesseur, & étant vigoureusement attaqué par une armée formidable envoyée contre lui par *Miramamolin* Empereur d'Afrique, il voulut absolument savoir qu'elle seroit l'issue de cette guerre. Sa curiosité fut satisfaite; elle lui procura la connoissance anticipée de la ruine qui le menaçoit. Il trouva dans la Caverne un géant d'airain, qui tenoit à la main un écriteau du même métal qui prédisoit la mort prochaine de sa Majesté ainsi que la perte de ses Etats qui ne tarderoient pas à être conquis par les Africains.

Cette histoire absurde se trouve fort au long au sixième Chapitre d'un livre intitulé. *Historia Verdadera del Rey Don Rodrigo & compuesta por el sabio Alcayde Abulcacim Tarif Abentarique de nacion Arabe, nueva mente traduzida de la lengua Arabiga por Miguel de Luna &c.*

En François. *Véritable Histoire du Roi Rodrigue &c. composée par le sage Alcayde Abulcacim Tarif Abentarique, de la nation Arabe, nouvellement traduite de la* la langue Arabe par *Michel de Luna* &c. Je possede la quatrieme édition de ce livre imprimé à Valence, en 1646 avec l'Epitre dédicatoire originale à la tête; addressée par le traducteur au Roi Philippe III.

Il paroît par cette dédicace, que Michel de Luna s'étoit attaché dès son enfance à l'étude de l'Arabe, & qu'il étoit Interprête de ce Roi pour cette langue. L'ouvrage est divisé en deux parties. La premiere est terminée par cet avertissement au lecteur.

Acabóse de traduzir este libro por mé Miguel de Luna, Interprete de su Magestad, à trienta dias del mes de Noviembre, ano &c. 1589.

En François. *La traduction de ce livre a été finie par moi Miguel de Luna, Interprete de S. M. le 30 de Novembre 1589.*

La seconde partie finit par cet autre avertissement encore plus intéressant que le précédent.

Acabóse de escrivir este Libro de la Historia de España, en la Cuidad de Bucaras, a tres dias del mes de Ramadan, del ano ciento y quarenta i dos de la Hixera.

En François. *On a fini d'ecire ce Livre de l'Histoire d'Espagne dans la ville de Bucara, le trois du mois de Ramadan, la cent quarante deuxieme année de l'Egire.* Ce jour si l'on en croit une note marginale du traducteur, correspond à l'un des jours du mois de Septembre 763, c'est-à-dire exactement cinquante ans après la première invasion de l'Espagne par les Maures, avec lesquels ce même historien *Abulcacim Tarif Abentarique* vint & fit cette conquête de concert avec ses Concitoyens, ainsi qu'il le répete plusieurs fois dans le cours de son histoire.

Les généralité des Espagnols regarde ce livre comme original, permettez moi de placer ici quelques observations que j'ai faites à son sujet. Je l'ai lu avec attention, & je suis convaincu que *De Luna* l'a traduit de l'Arabe. Il ne contient rien qui ne prouve que cette production est réellement d'un Mahométan; & l'on a lieu de supposer que *De Luna* n'auroit jamais osé dire un mensonge imprimé à son Roy, ou lui offrir un ouvrage sorti de sa plume pour une traduction d'un Original Arabe.

Cet original cependant, en posant en fait que la traduction soit fidele ne sauroit être considéré que comme une espece de roman, & même d'un roman beaucoup plus moderne que son auteur arabe, quelqu'il ait pu être ne le prétend. Comment *Abulcacim* auroit-il pu être contemporain des Conquérans Maures de l'Espagne, lui qui nous parle de flottes qui transportoient des armées nombreuses, les conduisoient & les ramenoient d'Arabie à Tunis, & dans les autres parties de cette région à laquelle nous donnons actuellement le nom de Côte de Barbarie?

D'ailleurs il n'est pas bien certain, que la ville de Tunis existât alors, ces flottes n'ont pu doubler le Cap de bonne espérance, il étoit à cette époque tout aussi inconnu aux Arabes qu'aux Européens; il falloit par conséquent qu'ils fussent partis de quelque port situé à l'extrêmité de la Méditerannée; mais quel témoignage historique un peu digne de foi avons nous qui établisse l'identité d'un port dans la partie du globe possédée par les Arabes? en supposant néanmoins qu'il existât, nous devons observer que les Grecs ainsi que les Vénitiens étoient vaillans guerriers, & habiles navigateurs; mais qu'aucune de ces deux nations n'a combattu par mer ou par terre contre ces redoutables ennemis du nom Chrétien, & ce qui est encore surprenant, c'est qu'ils n'ont jamais fait la moindre mention de ces prétendues expéditions des Arabes dans les mémoires qu'ils nous ont laissé des différens événemens arrivés dans ce siecle.

On pourra me répondre, que les Grecs n'avoient ni le courage, ni la force nécessaires pour s'opposer aux Arabes, & que les Vénitiens étoient leurs alliés, que des raisons d'intérêt, & de commerce les obligeoient à les ménager: mais outre qu'il nous manque aussi des preuves historiques qui autorisent cette réponse, il est impossible de croire que les Vénitiens eussent pu être déterminés par un pareil motif à laisser passer tranquillement des flottes Mahométannes dans une mer dont ils étoient maitres en grande partie, & leur permissent d'aller s'emparer d'un pays appartenant aux Chrétiens.

Réfléchissons sur la quantité de bâtimens nécessaires pour transporter quarante-cinq mille hommes d'infanterie, & huit cents Cavaliers (*Abulcacim p.* 129) à une distance aussi éloignée que celle qui se trouve entre l'Arabie & Tunis. Je ne saurois croire que les Arabes de ce temps-là, où même d'aucun autre temps, aient eu une Marine aussi considérable, elle auroit surpassé celle des Anglois de nos jours, dont les forces navales ne fauroient être égalées par celles des Carthaginois lorfqu'elles étoient au plus haut degré, & même celles de toutes les puiffances dont l'hiftoire ait jamais fait mention (57).

Ce qui rend ce fait mille fois plus incroyable, c'eft ce que dit Abulcacim: il prétend que *Muza* vice Roi d'Afrique, qui de Maroc *dio buelto hazia el levante* (fit voile au Levant) avec une flotte qui avoit à bord vingt mille foldats, & s'en fut jusqu'à ce prétendu port fitué à l'extrêmité de la mer Méditérannée pour y joindre fon maître le Roi *Abilgualit*, qui l'y attendoit avec vingt cinq mille hommes d'infanterie & huit cents de Cavalerie; qu'il retourna enfuite avec ce prince & ces troupes au même endroit d'où il étoit d'abord parti;

(57) L'auteur a-t-il oublié le détail étonnant que l'antiquité nous donne de la flotte immenfe que Xercès arma contre les grecs & qui fut entièrement ruinée par ces derniers? Les forces navales de l'Angleterre n'égaleront jamais en nombre ni en magnificence cet appareil prodigieux capable d'en impofer à toute la terre, s'il eut eu des chefs auffi habiles qu'ils étoient orgueilleux. Nous avouons que le courage & l'habileté fuppléent toujours au nombre, & c'eft en cela que les Anglois femblent s'être acquis l'empire de la mer qui leur feroit peut-être difputé par les Efpagnols s'ils étoient moins pareffeux, & les François fi leurs finances étoient en meilleur état.

Tome II. K 7

qu'il y débarqua heureusement, & sans opposition, dans les environs de Tunis, & fit tout de suite la conquête de ce Royaume, quoique défendu par l'armée Tunisienne composée de quarante mille hommes, & commandée par un rebelle intrépide & désespéré.

Quelle nécessité y avoit il que le Vice-Roi *Muza* fût jusqu'à l'extrêmité de la Méditérannée chercher son Roi ? Comment auroit il pu le prévenir de son arrivée, pour qu'il fût prêt à s'embarquer avec ses troupes ? ne pouvoit il pas l'attendre de pied ferme ? sans doute, il le pouvoit ; mais il valloit mieux aller le joindre : & assurer son passage par un pareil renfort : cependant si l'on avoit à craindre d'être traversé dans ce passage par quelque ennemi, le danger étoit exactement le même, soit que le Vice Roi eût été se joindre à son Prince, ou non : mais comment une armée qui avoit fait un trajet de plusieurs milliers de milles, sans avoir relâché nulle part pour se rafraichir, pouvoit elle se trouver en assez bon état pour battre à plate couture à la premiere rencontre celle de Tunis, & remporter une victoire si complete, malgré l'inégalité de leurs forces, & qu'elle fût ensuite hors d'état d'apporter le moindre obstacle à ses différentes opérations ?

Ce sont là quelques unes du grand nombre d'objections que je ferois à tout Espagnol qui prétendroit soutenir l'autenticité de l'histoire d'*Abulcacim*, & m'alléguer que *aunque infiel y barbaro* (*quoiqu'infidele & barbare*) ainsi que le nomme *Roda*, dans sa *Cronica de los moros en Espanna*, cependant *Abulcacim* est un auteur digne de foi.

Il étoit tout à fait nuit lorsque j'ai eu fini de visiter le Château de *St. Cervantes*, dont il ne subsiste plus rien si ce n'est un monceau de briques réduites en poussiere, mêlées de grosses pierres de tailles qui seront bientôt dans le même état.

S'il m'étoit possible de séjourner plus long-temps dans cette ville, il est très vraisemblable, que j'y verrois nombre d'autres choses dignes de remarques : on m'a dit qu'il s'y trouvoit une sinagogue, où l'on voyoit autrefois plusieurs sentences hébraïques, & plusieurs passages de l'Ecriture sainte gravés sur les murs en dedans, suivant ce que pratiquent les Juifs dans tous les lieux où ils s'assemblent pour exercer leur culte réligieux : lorsque cette Synagogue fut transformée il y a quelques siecles en une Eglise, ses murs avoient été blanchis, & plâtrés, de sorte que les inscriptions furent longtemps cachées, par la suite des temps, une partie du plâtre est tombée, de sorte qu'un savant chanoine de la Cathédrale s'étant apperçu qu'il y avoit encore quelques caracteres hébreux qu'on ne pouvoit découvrir, a depuis peu trouvé moyen de déchifrer plusieurs de ces sentences, qu'il se proposé de publier bientôt, enrichis de notes. Les Juifs qui étoient autrefois en possession de la Synagogue, s'ils n'étoient pas Africains de naissance l'étoient du moins d'origine; & il paroit par les caracteres trouvés par le chanoine sur ces murailles, que leur maniere d'écrire leur langue étoit en partie différente de celle dont se servent ordinairement les Juifs modernes Européens. La description de cette Méthode Africaine ne sauroit manquer de rendre cet ouvrage très-intéressant pour ceux qui s'appliquent à l'étude de la langue sainte.

Toléde est l'une des plus anciennes villes d'Espagne, elle a été sa Métropole pendant plusieurs siecles: le voisinage de Madrid l'a graduellement privée d'un grand nombre d'habitans; sans sa Cathédrale il y a bien du tems qu'elle seroit presque déserte, les revenus de cette Eglise se dépensant en grande partie ici, contribuent principalement à l'entretien de peu de milliers d'habitans qui y restent encore & favorisent foiblement les manufactures peu considérables de lames d'épée qui y sont établies. L'Empereur Charles V. faisoit presque toujours son séjour à Tolede, toutes les fois qu'il venoit se reposer en Espagne de ses différentes courses dans les autres Etats de Europe. Ce fut dans cette ville que le savant *Navagero* lui fut envoyé en Ambassade par les Vénitiens. Il s'y trouvoit alors une Machine inventée par un Italien, qui élévoit l'eau du Tage, & la conduisoit jusqu'à l'*Alcazar*, & dans tout le reste de la ville. Le tems qui ne respecte rien a détruit cette machine; les habitans de Tolede ne peuvent actuellement s'en procurer qu'avec beaucoup de peine : on la transporte continuellement de la riviere sur des ânes pésamment chargés de six pots de terre chacun, on la paye sur le pied de deux maravédis le pot.

J'irai demain à *Aranjuez* distant de sept lieues de cette ville. Sept lieues de plus que je ferai le lendemain me conduiront à Madrid, où je me propose de faire quelque séjour, & de beaucoup écrire. Malheureusement pour mon journal la Reine est morte depuis six ou sept jours ; de sorte que je trouverai la Cour en grand deuil, ce qui s'oppose à plusieurs divertissemens particuliers, & interdit absolument pour un tems les amusemens publics. Cela m'empêchera de pouvoir vous entretenir auſſi agréablement que je l'aurois fait; j'en ſuis fâché autant pour vous que pour moi.

LETTRE LI.

Méditations politiques.

Aranjuez 5 Octobre 1760.

A environ un jet de pierre du grand chemin, & à une lieue de Toléde, j'ai apperçu à main gauche un ſecond château ruiné, nommé *Pelavenegua*, j'ai été pour le viſiter; j'ai trouvé ſes ruines comme celles de *Saint Cervantes* preſque tout-à-fait anéanties. Le peu de ſes murailles qui reſte encore debout eſt dans un tel état, qu'il m'auroit été facile d'en jetter un pan par terre en le pouſſant légerement de la main; & il paroit que le terrain plat ſur lequel il eſt ſitué pourra bientôt être labouré.

Toutes les fois qu'on parcourt cette contrée ou ſe rappelle avec chagrin ſon état floriſſant & combien elle étoit autrefois peuplée! Louis IX Roi de France à ce qu'aſſure *Guevara* dans ſes lettres, après avoir visité plusieurs parties de l'Europe, & de l'Asie du tems des Croisades, assuroit qu'il n'y avoit aucune cour aussi magnifique que celle de Castille : ce Royaume étoit alors bien moins considérable que celui d'Espagne d'aujourd'hui. Mais quoique bien moins étendu, l'un de ses Rois (*Guevara* le nomme Alphonse III.) qui tenoit sa Cour à Tolède, étoit en état d'envoyer à la terre sainte une armée de cent mille hommes d'Infanterie, de dix mille de cavalerie, & soixante mille chariots chargés de bagage. Il peut y avoir, & je crois qu'il y a réellement quelqu'exageration espagnole dans ce calcul. Il est du moins évident que le nombre des Chariots n'est point proportionné à la force de cette armée. En ne remontant que jusqu'au regne de Ferdinand & d'Isabelle, la *Castille* & *l'Arragon* étoient assez peuplés pour pouvoir fournir une armée capable de vaincre le Roi de *Grenade*, qui n'avoit dans cette occasion, sur pied, pas moins de cinquante mille hommes de cavalerie, & plusieurs milles de fantassins. Quelle ne devoit pas être à ces époques la population de ces provinces ?

Mais dès que les Espagnols eurent le malheur d'être débarassez de leurs ennemis, & d'être possesseurs de toutes les richesses de l'Amérique, ainsi qu'ils le devinrent peu après la conquête de Grenade, l'argent & l'or abordérent en si grande abondance dans leur Empire de *Lima* & du *Mexique*, qu'ils devinrent & furent pendant quelque temps le peuple le plus opulent qui eût existé en Europe depuis la chûte de l'Empire Romain.

Les conséquences de cette opulence furent, que ses soldats pendirent au croq leurs épées & leurs boucliers, que ses Agriculteurs abandonnerent leurs charrues, que ses artistes jeterent leurs outils, & que toute la nation ne pensa plus qu'à se divertir & à jouir des avantages inopinés de ses grandes acquisitions: pour un temps le repos succeda aux travaux, & l'oisiveté à l'activité. Au lieu de continuer à travailler eux-mêmes, les Espagnols opulents envoyerent chercher chez leurs voisins non seulement beaucoup de superfluités, mais même les choses les plus indispensables. Cette pratique les appauvrit en beaucoup moins de tems qu'on ne l'auroit cru.

Elle ne leur auroit pourtant pas été nuisible, & la désolation ne se seroit point étendüe jusqu'aux Provinces intérieures de ce Royaume, s'ils ne s'étoient pas embarqués par milliers, & par dix milliers pour les terres nouvellement découvertes, où ils ne croyoient jamais arriver affez tôt. Ce furent leurs fréquentes émigrations en Amérique, qui priverent l'*Eſtramadoure*, *Toléde*, *les deux Caſtilles*, *l'Arragon*, & le Royaume de *Léon* d'un trop grand nombre d'habitans; & ſi le gouvernement avoit tardé plus long-temps à s'en allarmer, & n'y eut apporté quelque remede, en les rendant moins faciles; il eſt vraiſemblable qu'il n'y ſeroit reſté perſonne, & que tous auroient cherché à ſe rendre dans les riches contrées qui produiſent l'or & l'argent (58).

(58) Si on on recherche pourquoi ſous un ciel auſſi pour & dans un pays auſſi riche & auſſi fertile la dépopulation eſt ſi conſidérable; on en trouvera trois ou quatre cauſes principales.

La premiere c'eſt la grande licence qui regne en général parmi les jeunes gens & qui occaſionne un nombre infini de célibataires volontaires qui préferent des plaiſirs criminels à un honnête & légitime mariage. Cette licence entraîne un très grand nombre de filles mal élevées qui vendent leur honneur au plus offrant, & les gens mariés portant très-ſouvent leurs careſſes à d'autres qu'à leurs femmes, ne travaillent pas à remplir leur famille de bons enfans & l'état de bons citoyens.

La ſeconde cauſe eſt l'infécondité des femmes Eſpagnoles qui comme elles commencent de trop bonne heure à faire des enfans ceſſent auſſi de bonne heure; étant rare de voir des femmes être meres au-deſſus de trente ans, de-là vient qu'il eſt très-rare auſſi de voir trois à quatre

Cependant, malgré cette indolence générale, & ces émigrations précipitées, l'Espagne seroit encore comparable par sa population à plusieurs de ses voisins, si un

enfans nés d'une même femme. Ce défaut peut venir aussi de la chaleur de l'air qui fait que les femmes sont moins fécondes dans les pays chauds que dans les contrées du nord.

La troisieme cause est la soif de l'or depuis la découverte du nouveau monde, qui a engagé une infinité d'Espagnols à aller chercher fortune dans ces pays éloignés. De tous ceux qui y vont un tiers périt en chemin, l'autre tiers reste dans le célibat, le reste se marie dans le pays même où ils sont arrivés, & il n'en revient pas le dixieme en Espagne. L'effet ordinaire des colonies est, comme dit très-bien un auteur moderne, d'affoiblir les pays d'où on les tire, sans profit même pour ceux où les envoie. Les Romains sçavoient cela par expérience, ils réléguoient tous les criminels en Sardaigne & ils y faisoient passer les Juifs ; il fallut se consoler de leur perte, chose que le mépris qu'ils avoient pour ces misérables rendoit très-facile. L'expulsion des Maures se fait encore sentir en Espagne, comme au premier jour : bien loin que ce vuide se remplisse il devient tous les jours plus grand. Rien ne devroit plus corriger les princes de la fureur des conquêtes lointaines que l'exemple des Portugais & des Espagnols : on peut comparer les Empires à un arbre dont les branches trop étendues enlevent tout le suc du tronc & ne servent qu'à faire de l'ombrage.

La quatrieme cause est le grand nombre de moines & d'ecclésiastiques : la multitude de ces gens faisant profession de célibat est prodigieuse. Ce métier de continence prétendue a anéanti plus d'hommes que les pestes & les guer-

syſtême de politique ruineux n'y avoit été adopté & ſuivi conſtamment, & vivement pendant plus de deux ſiecles. L'ambition qui engageoit, ou la néceſſité qui forçoit les Eſpagnols à conſerver & à aggrandir les pays qu'ils poſſédoient au delà des Pyrénées, leur a été beaucoup plus fatale que la deſtruction des Maures, & que leur conquête de l'Amérique. La Flandre & l'Italie les engagerent dans des guerres éloignées, qui épuiſerent leurs provinces d'hommes, & de plus d'or & d'argent que l'Amérique ne pouvoit leur en fournir.

res les plus ſanglantes n'ont jamais fait. On voit dans chaque maiſon réligieuſe une famille éternelle, où il ne naît perſonne, & qui s'entretient aux dépens de toutes les autres. Ces maiſons ſont toujours buvettes comme autant de gouffres où viennent s'enſévelir toutes les races futures.

L'Eſpagne étant deſtituée d'habitants a dû par là même reſter en friche; & c'eſt la principale cauſe du peu de fertilité de l'Eſpagne. Le pays eſt excellent, mais il n'eſt pas cultivé, ſoit parcequ'il manque d'habitants, ſoit parce que ceux qui l'habitent ne daignent pas s'en donner la peine. Les Eſpagnols ſont en outre glorieux & pareſſeux; il n'y a pas juſqu'au moindre payſan qui n'ait chez lui ſa généalogie, & qui ne ſe croie deſcendu de quelque paladin qui ait rendu quelque ſervice à la couronne. En conſéquence ils ne veulent pas déroger à la *deſcendentia*, ce qui arriveroit s'ils s'abbaiſſoient à labourer, & la terre reſteroit en friche ſi les étrangers ne venoient la cultiver.

Si au lieu d'aller chercher à cueillir des lauriers à *Pavie*, & à *St. Quentin*, les Espagnols avoient abandonné toutes leurs possessions au delà de leurs montagnes, & qu'ils essent constamment gardé leurs flottes & leurs armées dans leur pays: leur Royaume auroit toujours continué à être formidable, & les ambassadeurs de France n'auroient pas obtenu si facilement le pas sur les leurs. Des victoires réitérées les affoiblirent, le successeur du prisonnier Royal qu'ils firent à Pavie, l'emporta sur leurs Monarques très-peu de temps après que le Connétable (59) rebelle eut fait évanouïr toutes les prétentions des François sur les pays situés au Midi des Alpes.

Mais a-t-on sujet de blâmer les Espagnols de n'avoir pas abandonné ces possessions éloignées, qui leur furent à la fin arrachées à force ouverte? Non. Les intérêts des nations deviennent graduellement si embrouillés par une forte concurrence

---

(59) Les conséquences de cette fameuse bataille qui se donna près de Pavie en Lombardie & fut gagnée par le connétable de Bourbon, ainsi que la prison de François I. qui tomba entre les mains de Charles-Quint mirent fin aux prétentions des François sur différentes Provinces d'Italie. Depuis ce jour fatal, il ne fut plus possible à cette nation de former le moindre établissement au delà des Alpes.

rence d'incidens qui se succedent, qu'il n'est plus au pouvoir de la prudence humaine de les démêler : il ne dépend pas non plus toujours de faire ce qui convient le mieux, en supposant même qu'elles fussent dans ce dessein. Supposons, par exemple, que Charles-Quint eut eu l'intention d'abandonner tout ce qu'il possédoit en Flandres & en Italie, pensez-vous réellement que cela eut dépendu de lui? Qu'est-ce que le monde, & l'Espagne même lui auroit dit, s'il avoit jamais exécuté un pareil projet? Qu'auroit-on dit à son fils Philippe, & à chacun de ses successeurs, si l'un d'eux avoit pensé à exécuter ce que Charles auroit dû faire pour le bien de ses sujets Espagnols, en retranchant ces branches parasites qui ne pouvoient que nuire au tronc? oui, le monde & l'Espagne: que ne diroient-ils pas au Roi regnant, s'il lui passoit par la tête d'abandonner cette petite partie de la côte de Barbarie qu'il possede actuellement, que tout Espagnol ainsi que tout étranger, ne sait que trop être plutôt nuisible qu'utile au royaume? Si un ministre s'avisoit de conseiller un pareil abandon, ne le regarderoit-on pas comme un politique ridicule, & même ne l'accuseroit-on pas de la plus infâme trahison; & ce même peuple auquel la garde

Tome II. L

d'*Oran* & de *Ceuta* est onéreuse, ne se récriéroit-il pas contre une pareille action, si elle s'exécutoit, & ne la regarderoit-il pas comme devant être une tache pour plusieurs siecles? Il n'y a aucune nation qui en pareil cas ne pensât comme les Espagnols, & cela avec raison. Abandonner, sans y être contraint par une force majeure ce qui nous appartient de droit, est chez les nations comme chez les individus, une action déshonorante. Telle est la nature de l'homme, & telle est la constitution de l'univers. Il faut que les Rois se marient, qu'ils meurent, qu'ils fassent la paix & la guerre. Ces événemens produisent des événemens, les nations acquierent ainsi des droits auxquels elles ne sauroient ensuite renoncer sans de grands efforts, ou sans s'exposer à la censure & au mépris. Les guerres qui de notre temps ont donné les deux Siciles à un Infant d'Espagne, & le Duché de Parme à un second, ont été très-ruineuses pour cette Monarchie; les Espagnols prévoyoient bien combien elles le seroient: mais comment auroient-ils pu les éviter? Un politique de Caffé, un Machiavel après coup, diroit sans doute, qu'il auroit été prudent, puisqu'il en devoit tant couter, de ne point penser à Naples & à Parme, & de les laisser occuper par celui qui auroit pu s'en rendre maître; le Conseil de Castille auroit certainement raisonné de même, si chacun de ses membres avoit été choisi dans une race d'hommes qui ne descendît pas en droite ligne d'Adam & d'Eve. Malheureusement leurs premiers parens étoient Adam & Eve; & tous ceux qui descendent d'eux, en pareille circonstance se comporteront comme se sont comportés les membres de ce Conseil; & conseilleront ce qu'ils ont conseillé.

Faisant pareilles réflexions, & d'autres de la même force en moi-même pendant l'espace d'une lieue, je suis arrivé à une *Venta*, où mes Calesseros se proposoient de s'arrêter; mais elle s'est trouvée fermée; & nous avons heurté envain pour la faire ouvrir. Nous avons fait encore une lieue jusqu'à *Villa-major*, hameau de quatre maisons qu'on auroit aussi bien pu nommer *Villa pejor*, (*major* meilleur, *pejor*, pire) aucune des familles qui l'habitoit n'a pu nous céder un pain. Ils avoient pourtant assez de vin pour remplir notre *Borracho*, que mes gens avoient presque vuidé dans l'espace de trois lieues sous le prétexte ordinaire qu'il faisoit une chaleur insupportable, & d'user du seul remède efficace contre la soif. Nous avons fait encore deux lieues, & avons atteint une belle forêt, nous avons étendu une nappe sur l'herbe à l'ombre des arbres, nous avons fait usage de viandes froides, & avons très-bien dîné.

Après que nous avons eu fini, nous sommes entrés dans une longue allée plantée de grands ormeaux qui nous a conduit en droiture à *Aranjuez*. Nous avons été toujours gaiement au trot, & nous sommes arrivés, au moment où le soleil se couchoit, à la *Posada*.

LETTRE LII.

Beau terrein. Le savant Jardinier. Bustes anciens & modernes. Dames bien élevées. Théatre. Aventure de l'oiseau verd. Joli village.

Aranjuez 6 Octobre 1760.

J'AI vu dans ma vie beaucoup d'endroits délicieux, dans différens pays; mais je n'en ai jamais vu qui le fût autant que le palais & les jardins d'Aranjuez. Un poëte diroit, que Venus & l'Amour consultèrent ici avec Catulle & Pétrarque pour y construire une demeure champêtre digne de Psyché, de

Lesbie, de Laure, ou de quelque Infante Espagnole.

Représentez-vous un parc qui a plusieurs lieues de tour, coupé en différens endroits par des allées qui ont deux, trois, & même quatre milles de longueur. Chacune de ces allées est formée par deux doubles rangées d'ormeaux; l'une de ces rangées à la droite & l'autre à la gauche, rendent l'ombrage plus épais. Les allées sont assez larges pour y passer quatre carosses de front, & entre chaque double rangée est un canal étroit, au travers duquel coule un ruisseau d'eau vive, de sorte que les arbres, ne manquant jamais d'humidité sont devenus très hauts, & très touffus.

Entre ces allées il y a des bosquets fort épais composés d'arbres moins élevés de différentes especes, des milliers de biches & de sangliers s'y promenent tout à leur aise, outre un grand nombre de lievres, de lapins, de faisans, de perdrix, & plusieurs autres sortes d'oiseaux. Cependant les sangliers n'y sont pas aussi sauvages qu'ils le sont ordinairement dans les forêts. Ici on les a accoutumés à se rendre à des heures réglées dans certains endroits où on leur distribue de l'avoine en abondance; la voix de celui qui est chargé de les nourrir leur est si familiere, qu'ils accourent à lui au moment qu'il les appelle.

Ce parc n'est point environné de murailles; il auroit fallu une trop grande quantité de briques pour clore une pareille espace de terrein. Cependant les différens animaux qui s'y trouvent ne sauroient être tentés de l'abandonner, le pays voisin étant très-mal partagé en bois, & en paturages.

Le Tage que j'ai traversé à Lisbonne, à Talavera, & à Tolède, arrose le parc & le divise en deux parties inégales. Ses eaux ne sont pas bien abondantes, de sorte qu'il n'a pas été difficile de les séparer; ni de les retenir par des rivages artificiels; & de les conduire partout où on l'a cru nécessaire.

Le point central de ce vaste parc est le palais du Roi, entouré en partie par le jardin. Nous parlerons tantôt de ce palais. Faisons d'abord un tour dans le jardin.

L'entrée principale se trouve être à travers d'un parterre coupé en différens compartimens dont les bordures sont de buis & de myrthes. Ils contiennent une variété surprenante des plus belles fleurs d'Europe & d'Amérique.

Il y a cinq pieces d'eau dans ce parterre; qui sont toutes décorées de figures de bronze de grandeur naturelle, qui élevent l'eau en jets d'eau à une grande hauteur. Dans la premiere piece on voit un Neptune suivi de Tritons, dans la seconde un cigne avec des enfans jouant autour de lui. Dans la troisieme je ne me souviens pas quoi. Dans la quatrieme & dans la cinquième une nymphe à cheval sur un serpent.

Au delà du parterre à main droite. On voit une Cascade artificielle du Tage parmi des rochers artificiels, l'œil n'est pas moins charmé par les vagues agitées, qu'enchanté par le bruit qu'elles font en se brisant.

L'on entre de là dans une allée qui conduit à la *Fontaine d'Apollon*. Elle est ainsi nommée d'après une statue de ce Dieu placée sur un haut piedestal, avec Pégase à ses côtés. Le bassin de cette fontaine est octogone & l'on a mis à chaque angle un génie nud, qui paroit presser de son pied la tête d'un Dauphin pour lui faire rendre l'eau par la bouche. Apollon, les génies, le dauphin & le bassin sont du marbre le plus blanc.

L'allée de *las burlas* (des tromperies) est plus loin: elle est ainsi appellée parce que lorsqu'on vient à la traverser, s'il prend envie au jardinier de vous mouiller, rien ne lui est plus facile, par le moyen de plusieurs tuyaux cachés qu'il fait agir à son gré, dès qu'on a une fois le pied dans cette allée on ne sauroit s'en garantir.

La fontaine de *la Espina* suit immédiatement. Elle est formée par quatre pilliers qui entourent un bassin, chaque colomne a une harpie à son sommet, qui vomit de l'eau sur un jeune homme, assis au milieu du bassin, se tirant *a Spina* (une épine) du pied : le jeune homme & les harpies sont regardés comme des chefs d'œuvres de sculpture : mais je ne fais nul cas de l'invention ; que signifie cette idée de monstres jettant de l'eau sur un jeune homme qui pense à son épine, & point à eux ? Un figure dans une attitude d'horreur auroit mieux convenu que celle-ci dans cette posture tranquille. Je n'approuve pas d'avantage les oiseaux étrangers peints autour de cette fontaine au haut du grillage verd dont elle est environnée, je ne saurois appercevoir aucune analogie entre les oiseaux les harpies, & le jeune homme. Selon moi il n'est rien qui fasse un plus mauvais effet dans un jardin, que les peintures, à moins que ce ne soit une perspective sur quelque muraille au bout d'une allée.

Depuis la fontaine *de l'épine*, on découvre quatre enclos destinés à des arbres frui-

fruitiers, parmi lesquels on trouve actuellement une si grande quantité d'oranges & de citrons pendus à leurs branches, que les Héspérides mêmes seroient dans le cas de les envier. On arrive à ces enclos par des passages si bien ombragés par d'épais taillis, qu'il n'est pas plus possible aux rayons du soleil de vous incommoder que si vous étiez sous terre. La fraîcheur y est au point que je fus obligé de boutonner mon habit, quoique dehors le temps fut extrêmement chaud.

Je ne pus pas m'empêcher de remarquer dans l'un de ces passages, un grand arbre Indien, que l'on nomme un *Lyron*. Son tronc est composé d'une demie douzaine de tiges, sa circonférence m'a paru être à peu près de quatre brasses.

En laissant les enclos d'arbres fruitiers à main droite, je me suis avancé vers le *Bain de Venus*. La Déesse y est représentée comme en sortant: il dégoute de l'eau de ses cheveux, elle tombe dans un beau bassin de marbre soutenu par des amours.

Un peu plus loin est la fontaine de Bacchus. La Cuve & le Dieu sont tous deux de bronze, & parfaitement travaillés. Il est si gras que j'aimerois mieux le nommer *Silène*, ne me rappellant point d'avoir jamais vu de Bacchus antique qui eût autant d'embonpoint.

La *Fontaine de Neptune* est tout auprès: mais la figure de ce Dieu, ainsi que celles des tritons qui l'environnent, sont beaucoup plus petites que le naturel: ce qui produit toujours un mauvais effet dans un lieu vaste & en plein air comme l'est celui-ci. Si l'on veut s'écarter de la nature, dans les lieux ouverts il vaut mieux lui donner une forme gigantesque que trop dégradée. Je ne saurois non plus approuver cette répétition d'un même sujet dans un aussi court espace que celui qu'il y a entre le parterre & cette fontaine.

Par delà ce Neptune est le *Terrao* c'est-à-dire un gazon vaste & presque circulaire, orné au milieu de quatre arbres très gros & fort élevés: dont l'ombrage joint à celui de la haye haute & épaisse qui règne tout autour de ce gazon, le rend frais & agréable.

Au côté droit de ce *Terrao* est un beau pont composé de cinq arches, construit sur le Tage, & à l'extrêmité orientale de ce pont un autre enclos d'arbres fruitiers où je ne jugeai pas à propos d'entrer; préférant de continuer ma promenade le long de la rivière. Son rivage est défendu par une balluſtrade de fer peinte en verd, diviſée d'eſpace en eſpace par de petites colomnes de marbre, chacune desquelles porte un grand vaſe de fleurs d'une très-jolie fayance qui ſe fabrique à Talavera; les Harpies d'Eſpagne ſont peintes ſur tous ces pots. Il n'auroit pas été difficile de leur donner une forme plus gracieuſe.

On trouve à une très-petite diſtance de ce pont une autre fontaine nommée les *Tritons* parce que trois de ces êtres fabuleux ſont placés au milieu, addoſſés les uns contre les autres, ſupportant deux baſſins de marbre, l'un au deſſus de l'autre, d'où l'eau tombe en groſſes nappes.

Près de cette fontaine une petite branche du Tage qui en a été ſéparée un peu plus haut s'y réjoint ſous un pont de bois peint en verd, ſur lequel on ne permet à aucun caroſſe de paſſer à l'exception de ceux de la famille Royale.

On a de deſſus ce pont la vue charmante d'une forêt ſituée au côté droit de la riviere. Mais avant que d'arriver à ce pont on trouve une eſpece de pavillon ſoutenu par des colomnes de bois peintes en verd, qu'on nomme *el Cenaor* (ſalle à ſouper) il eſt deſtiné pour la famille Royale qui y mange lorſqu'elle le juge à propos. Il n'y a pas dans tout le jardin un endroit aussi délicieux que celui-ci; il est impossible de s'imaginer combien on a réussi dans les peines qu'on s'est données pour le rendre tel en l'ornant d'arbres irrégulierement plantés des deux côtes de la Riviere, & par la Riviere elle même qui y coule avec quelque impétuosité & forme en passant à travers les rochers un murmure assez agréable.

L'on entre du *Cénaor* sous un large berceau formé de Citronniers. Le terrain qui est au dessous est singulierement ferme & égal, ce qui ajoute beaucoup au plaisir de la promenade. Mais en retournant sur nos pas, & quittant le pont de cinq arches à droite, suivons la ballustrade de fer, où les petites colomnes portent des pots à fleurs.

Cette ballustrade de fer, comme je l'ai dit, s'étend le long de la branche la moins considérable de la riviere, & va se rendre à un autre joli pont qui n'a qu'une seule arche, on le laisse aussi à sa gauche. De ce pont on entre une seconde fois dans le *Terrao* pour se rendre ensuite dans un endroit qui a été décoré d'un grand nombre de fleurs étrangeres, dont la majeure partie sont d'une beauté inéxprimable mêlées d'orangers, dont les fruits commencent dans ce moment-ci à être murs, & pendent en si grande quantité aux branches de tous les arbres qu'à peine apperçoit-on les feuilles.

A quelques pas de ce parterre émaillé de fleurs se trouve le logement du jardinier : c'est un joli bâtiment, vis-à-vis duquel est une agréable prairie, parfaitement ombragée par quelques arbres aussi touffus & aussi élevés que j'en aie jamais vu. Un Canal étroit qui coule le long d'un des côtés de cette prairie, produit des milliers de Champignons, qu'on m'a assuré être très-bons dès qu'ils commencent à sortir de terre : mais qui deviennent durs pour peu qu'on tarde à les cueillir. Le jardinier refusa de m'apprendre la méthode dont il se sert pour se procurer un lit aussi surprenant de Champignons au fond de ce Canal. Ils sont les uns sur les autres comme un lit fort épais d'huitres. Je m'imagine, que le fond du Canal est artificiellement formé de ces pierres que l'on nomme à Naples *Pierre Sungaje* (pierres champignons) qui en produisent quand elles sont arrosées & exposées au soleil.

On rencontre par delà la maison du jardinier une seconde Cascade du Tage, qui ne charme pas moins la vue par la transparence de ses eaux, que l'oreille par la diversité du bruit qu'elle fait ; ce bruit est pendant un tems fort & vif, le moment d'après doux & lent.

Il y a près de cette Cascade un autre *Cénaor* peint en verd & jaune, qui n'est pas moins bien situé que celui que j'ai déjà décrit ayant derriere lui la Cascade, & devant la grande *Fontaine d'Hercule.*

Cette fontaine est ce qu'il y a de plus admirable dans tout le jardin. Elle est de figure décagone ornée d'un nombre considérable de statues, dont la principale est celle du héros Thébain tuant l'hydre; les statues & les différens bassins dans lesquels elles sont placées, sont du marbre le plus blanc, & l'eau qui y tombe, enchante la vue par ses Cascades très-variées.

L'on monte ensuite un grand escalier dont les marches sont pareillement ornées de belles statues, & en tournant autour d'un des coins du Palais Royal l'on entre dans un parterre appartenant à l'Infant Don Louis, entouré d'une muraille pleine de niches, dont chacune contient un buste de marbre.

Le premier de ces bustes (à ce que m'a dit le Jardinier) est celui d'un *Empereur Romain* nommé *Annibal le Carthaginois.*

Cette information m'a prouvé que cet honnête homme entendoit mieux la culture de son jardin que l'histoire. C'est lui, qui avoit ajouté avec de la craie le noble titre *d'Emperador Romano*, au nom *d'Annibal*; ce qu'il me dit avoir fait pour ne pas laisser les *Letrados* (Savans) dans l'embarras : eux qui abondent continuellement de toutes les parties du monde pour voir ces bustes, tous fabriqués à Madrid par des sculpteurs Grecs & Romains, surtout ceux de la Reine Isabelle, de Charles-Quint & de Philippe IV.

Le fait est, qu'il s'y trouve une belle collection de bustes anciens & modernes, parmi lesquels sont ceux d'Antonin le pieux, de Sergius, de Galba, de Lucius Verus, de Vespasien, de Marc-Aurele, de Tite, de Tibere, de Vitellius, de Domitien, & de plusieurs autres, tous placés au hazard, & sans aucun égard à la Chronologie, mêlés avec ceux d'Alexandre, de Parmenion, de Lysimaque, & de différens Rois & Reines d'Espagne.

Ayant quitté le parterre de Don Louis, & pris congé du jardinier en le récompensant de sa peine, j'ai été voir le Palais. Un Gentilhomme Espagnol, son épouse & deux filles nubiles attendoient à la porte du chateau & m'ont reçu avec le concierge qui devoit nous le montrer.

Comme c'étoient là les premieres personnes de quelque considération que jeusse eu occasion de voir en Espagne; je les observai attentivement pendant tout le tems que nous fûmes ensemble : je n'ai rien remarqué en elles qui indiquât la moindre singularité soit dans leur habit, leurs manieres, ou leur conduite. Le pere & la mere ont répondu aux questions que j'ai eû occasion de leur faire, avec politesse ; les jeunes Demoiselles de leur côté ne m'ont parues ni timides, ni décontenancées lorsque je leur ai addressé quelques mots honnêtes ; elles se sont contentées de me faire une revérence en souriant, ou de me remercier en peu de mots sans montrer le moindre embarras la moindre pruderie, trop d'effronterie, ou une fausse modestie. Cette maniere d'agir a commencé à me donner une meilleure opinion des mœurs de Madrid que celle que je m'en étois d'abord formée. Ayant lu beaucoup de détails sur la gravité habituelle & sur la fierté des Espagnols, je m'attendois à quelque scène extraordinaire & ridicule : à mon grand étonnement tout s'est passé on ne peut pas mieux.

Je n'ai pas grand chose à dire rélativement au Palais. C'est un bâtiment plus élégant que somptueux si l'on considére le propriétaire: on ne peut guere le regarder que comme une Maison Royale très-commode. Les appartemens en sont bien disposés, & meublés avec beaucoup de goût, si j'avois à choisir je la préférerois à toutes les maisons & à tous les Palais que j'ai vus jusqu'à présent. On n'y a épargné ni la sculpture, ni la dorure, ni la peinture. L'ameublement, & toutes les autres choses qu'elle renferme sont précisément telles que je voudrois qu'elles fussent. On voit dans un des appartemens une pendule très artistement travaillée, elle a un serein de Canarie au sommet, qui chante comme un véritable oiseau toutes les fois que l'heure sonne. Cette bagatelle ingénieuse fait sourire un homme fait, & rend un enfant heureux pour le moment.

Près du grand Sallon est un petit Théâtre, qui sous le regne du feu Roi étoit souvent occupé par nos plus célébres Chanteurs. Tels que Farinello, Caffarello, Carestini, Mingotti, & autres: on n'en fait actuellement aucun usage, le Roi regnant n'ayant nul goût pour la musique.

Dans un vaste appartement, dont les murs sont couverts de glaces, nous avons eu une espece d'aventure; il auroit été singulier que nous n'en euſſions point rencontré, ce Palais pouvant être nommé à juſte titre *un palacio encantado*: En entrant dans cet appartement nous avons apperçu un oiſeau verd voltigeant çà & là comme s'il cherchoit l'ouverture par laquelle il étoit entré. Il paroiſſoit que la grande quantité de glaces l'embarraſſoit, par la multiplication des objets: nous lui avons donné ſur le champ la chaſſe, & avons taché de le prendre. Après pluſieurs efforts inutiles, mêlés des cris des femmes ainſi que cela ſe pratique en pareille occaſion, la plus agée des deux ſœurs eſt parvenue à en faire ſon priſonnier; mais loin de le retenir, elle a couru ſans heſiter un inſtant à une des fenêtres, à ouvert ſa main généreuſe, & l'a laiſſé s'envoler, à notre grand étonnement. Il n'étoit pas poſſible de blâmer une pareille action, ſon pere l'en a beaucoup louée, & j'ai eu grande envie de l'embraſſer. Mais ai-je dit d'un air ſérieux, vous vous trompez, Monſieur, ſi vous croyez que la *Senorita* a fait ceci par pure généroſité. Il a paru ſurpris, & ne pas comprendre mon idée; Monſieur, ai-je continué d'un ton fâché c'eſt un véritable rendez-vous quelle a donné à quelque jeune Magicien qui s'eſt métamorphoſé en joli oiseau, & elle l'a mis en liberté pour éviter que sa sœur ne le prit, & ne découvrit le mystere.

Cette folie n'a point été prise en mauvaise part, elle nous a rendus si bons amis, qu'avant de nous quitter ils m'ont offert des lettres pour leurs amis de Madrid, & tout ce qui dépendroit d'eux pour pouvoir me faire passer agréablement le tems que je me proposois de séjourner dans cette Capitale. Voyez combien il est aisé de faire des connoissances en pays étranger, il ne s'agit que de montrer de la politesse & de la gaiété!

Je n'ai pas été moins satisfait du Village d'Aranjuez, que du Palais, du jardin & du parc. Chacune des maisons dont il est composé est neuve & blanchie en dehors, avec des fenêtres qui ont des volets verds, toutes les rues en sont tirées au cordeau. Le Roi a donné & donne encore le terrein *gratis* à tous ceux qui veulent bâtir, à condition qu'ils se conforment au plan qui a été fait dans l'origine, qui exige une grande régularité. L'on ne sauroit trouver dans le monde entier une petite ville qui en ait d'avantage, elle s'accroit tous les jours. Il s'y trouve une belle Eglise ronde, & un beau marché couvert, placés l'un & l'autre au milieu du Village pour la plus grande commodité des habitans dont le nombre se monte déjà à deux mille. Ils vivent en général de l'argent que la Cour dépense lorsqu'elle réside dans ce Canton, & de celui qu'ils retirent alors du loyer d'une partie de leurs maisons: c'est dommage que, dans les mois de l'année les plus chauds, l'air n'y soit pas trop sain. L'on y est dans cette saison assez sujet à des fievres tierces & quartes. Le Roi & la Cour passent ici les mois de May & de Juin. Dans toutes ses autres Maisons de Campagne, les gens de la suite de S. M. & les Ministres étrangers sont généralement assez mal logés, ici il n'en est pas de même ; comme les personnes les plus aisées de Madrid y ont bati des maisons pour faire leur cour au Roi, qui préfere Aranjuez à tous ses autres Palais : il me paroît que ce n'est pas sans raison (60).

(60) Il est certain que si l'Escurial est riche, superbe, magnifique, en un mot une merveille de l'art, il faut avouer qu'Aranjuez est une merveille de la nature, qui le surpasse pour l'agrément de sa situation & pour les beautés peu communes que l'on y voit, cette belle Maison est à sept lieues de Madrid & à six de Toléde dans une presqu'île au Confluent du Tage & de la Xamara, dont on a fait une île entiere en tirant un large Canal de l'une de ces Rivieres à l'autre. On les passe toutes deux sur deux grands ponts de bois peints & enjolivés qui peuvent

Il n'y a que peu d'années qu'on élevoit ici une race assez nombreuse de chameaux plutôt pour la parade que pour l'utilité; mais on l'a graduellement négligée, & il n'en reste plus. On avoit fait la même chose en Toscane durant le regne des

se fermer de sorte qu'Aranjuez n'est pas seulement un lieu de plaisance, mais encore une forte retraite, où le Roi peut-être en sûreté avec un petit nombre de gardes. Philippe III, est celui qui a fait travailler à ce lieu, ayant remarqué les avantages de la situation, où la nature aidée tant soit peu de l'art pouvoit faire un endroit tout à fait charmant. Parmi le nombre prodigieux de Fontaines superbe qui en ornent le jardin on distingue surtout la Fontaine des Amours. Aux deux côtés opposés d'un petit bassin quarré s'élevent huit grand arbres vivants, dont les quatre qui correspondent aux angles jettent des torrens d'eau qui sortent du plus haut de leur tronc à l'endroit où les branches commencent & ce spectacle ravit ceux qui le voient pour la premiere fois, n'étant pas naturel de voir sortir l'eau des arbres. Au milieu du grand bassin, on en voit un petit chargé de deux tritons & entre deux est une Vénus débout, qui supporte un petit bassin façonné en maniere de couronne: au dessus s'éleve une autre statue, chargée d'un piedestal sur lequel on voit un Amour armé de fleches qui jettent de l'eau.

Le Maison Royale, quoique passablement belle, est cependant ce qu'il y a de plus négligé, elle n'est meublée que quand le Roi y va. On y trouve quelques bons tableaux & un salon fort agréable en été à cause de sa fraicheur, étant tout de marbre, & soutenu par des colomnes de même.

deux derniers Grands Ducs de la Famille des Médicis.

Je regarde comme une chose presque impossible, de décrire dans des lettres des objets pareils à ceux-ci, & de donner une juste idée des jardins & des maisons, le pinceau est seul capable d'y atteindre. Cependant j'espere que parce que je viens de vous dire vous serez à même de vous représenter *Aranjuez* comme l'un des séjours les plus agréables qu'il y ait en Europe: du moins je ne me rappelle pas d'en avoir jamais vû nulle part que le fut davantage. (61) La Comtesse Françoise qui le vit dans ses Voyages, il y a quatre vingt ans passés en fut enchantée. Il n'étoit cependant pas alors comparable à beaucoup près à ce qu'il est à présent.

(61) M. Clarke dit, que le Palais Royal d'Aranjuez est „ un édifice passable" & le jardin „ une triste & uniforme plaine." Il y a dans ce monde des gens bien malheureux, aux quels rien de ce qu'ils voient hors de chez eux ne sauroit plaire.

LETTRE LIII.

Bagatelles, telles que le Voyage, & la Vie ordinaire en fourniffent.

Villaverde, 6 Octobre 1760. au foir.

Je dois paffer la nuit dans un très-mauvais logement : à une diftance auffi peu confidérable que trois milles d'une Capitale telle que Madrid, je m'attendois à en trouver un meilleur, & je n'aurois pas cru que le fac de paille eût pu m'être utile.

En fortant d'Aranjuez j'ai traverfé le Tage fur cinq batteaux fi artiftement arrangés, & fi habilement peints ; qu'à moins qu'on n'en foit prévenu on les prendroit pour un pont de pierres de quatre arches. En certaines occafions ces mêmes batteaux font ôtés de leur place, on les fait remonter la Riviere, & on les place de maniere à former une efpece de fort quadrangulaire, qui lorfqu'il eft illuminé ainfi que cela arrive fouvent pour l'amufement de la Cour, préfente un fpectacle charmant fur la Riviere.

A ce pont commence l'une des allées dont je viens de parler, formée par une double rangée d'ormeaux: nous y sommes entrés, & nous l'avons suivie pendant plus d'une lieue, après quoi nous sommes arrivés à un pont que le laps du tems a fort endommagé: on ne tardera pas à détruire ce qui en reste, on en a construit un nouveau tout auprès, qui est presque fini, & sur lequel on passera en toute sûreté.

Ce nouveau pont est tout entier de marbre blanc, il est si large, & si superbe que le Gange même se feroit honneur d'en avoir un pareil. L'eau qui passe dessous quoiqu'il y en ait pendant toute l'année, n'est actuellement qu'un foible ruisseau; dans de certains tems elle est pourtant très-abondante, surtout lorsqu'elle est accrue par la fonte des neiges des montagnes voisines.

Le long de la route qui conduit d'Aranjuez à ce pont, on trouve un nombre étonnant de blocs de marbre épars de tous côtés, personne n'a pu me dire l'usage auquel on destinoit un si grand nombre de matériaux. Je m'imagine que l'intention du Roi est de les employer à l'augmentation, & à l'embellissement du Palais pour lequel il a la prédilection la plus marquée. Heureux ceux qui en satisfaisant leurs goûts peuvent surtout se livrer à la

pas-

passion de bâtir! Cette passion, qui est une des plus universelles, me possede si fortement, que si mes facultés étoient pareilles à mon envie, l'univers seroit orné d'édifices, auxquels l'ancien Capitole ou la Basilique moderne de St. Pierre ne sauroient être comparés. Jamais le pinceau fantasque de *Bibiena* n'auroit tracé des bâtimens aussi vastes que ceux que j'éléverois : il n'y a selon moi rien d'aussi vraiment Royal que d'élever blocs sur blocs pour en former des Palais, des Temples, des Aqueducs, des Théatres, des Amphithéatres, & d'autres pareils monumens de formes variées.

Vous ne me regarderez pas vraisemblablement comme trop sensé, & vous m'accuserez au moins d'être ridicule en exposant ainsi mes folles idées au jugement du public. (62) Si chacun m'imitoit, & fai-

(62) Cette folie qui est à peu près commune à tous les hommes, vient du ressort secret & irrésistible qui entraine l'esprit humain toujours au delà du présent. Loin de la regarder comme un mal nous devons remercier la sagesse suprême d'avoir créé pour ainsi dire dans nous mêmes le desir de nous survivre, c'est cette passion différemment modifiée qui produit les grandes actions, qui échauffe l'ame, l'élance hors de la sphere étroite de sa prison, & lui donne ce sentiment sublime & presque sans bornes pour tout ce qui l'ennoblit & l'éleve. La passion des Monumens, des Palais des Temples, des Edifices publics con-

soit connoître les pensées qui remplissent souvent son imagination, & permettoit que l'on passât légérement en revue ses projets chimériques, plusieurs de ceux qui passent dans le monde pour beaucoup plus sensés que moi, perdroient peut-être de leur ré-

sacrés à l'utilité ou à l'agrément du genre humain, ne tire donc pas sa source précisément de l'orgueil de l'homme, comme quelques philosophes chagrins voudroient le persuader; c'est selon nous un présent insigne de la divinité, un goût bon en lui-même, & un de ces plaisirs de l'ame, qui puise son aliment & sa perfection dans l'amour de l'ordre & la contemplation du beau. De qu'elle sensation délicieuse ne suis-je pas affecté à l'aspect d'un Palais dont toutes les parties régulieres & nobles presentent aux yeux le spectacle le plus pompeux? D'un Temple majestueux & hardi, où par la plus touchante des illusions, je crois entrevoir la majesté de l'être qu'on y revere? Si nous considerons le goût des batisses du côté moral, quel mal pourroit-on y trouver? Tout ce qui tend à perfectionner les arts, à donner une nouvelle vigueur à l'industrie, à faire usage des dons que le créateur n'a pas sémé sur la terre pour nous en priver, surtout à faire travailler les malheureux qui ne trouvent leur subsistance que dans les folies des riches, ne doit-il pas être regardé comme un bien. Non ce goût n'est pas dépravé, n'est point condamnable, n'est point inutile & plut à Dieu que tout l'or qui a servi à payer des hommes armés pour s'entregorger, eût été employé à orner ce sejour qu'un horrible fanatisme a rendu trop souvent le Théatre du crime & des brigandages?

putation, & je serois tenu pour plus sage qu'eux.

Depuis le pont de marbre jusqu'à *Villaverde* on ne trouve que deux Villages, *Valdemoro* & *Pinto*, tous deux peu considérables. Le pays qui est entre deux paroît très-stérile : ce fut encore pour moi un second sujet d'étonnement auquel, je ne m'attendois pas étant si proche de la métropole. J'entends le son des cloches de Madrid, elles me réjouissent le cœur après avoir traversé une si longue suite de déserts.

Je verrai demain deux amis, les seuls que j'aie actuellement à Madrid. L'un est le Consul Général Britannique ; l'autre Don Félix d'Abreu, qui a été pendant nombre d'années Envoyé Extraordinaire d'Espagne en Angleterre. Je les ai connus tous deux à Londres, & ils savent tous deux que je dois arriver, j'espere qu'ils seront aussi satisfaits de me voir que je le serai de les rencontrer.

LETTRE LIV.

Ville puante qui donne mal à la tête aux étrangers. Locanda signifie Auberge. Instructions pour les Voyageurs qui ne sont point surchargés d'argent.

Madrid, 7 Octobre 1760.

J'AI pris le parti de faire à pied, les trois milles qu'il y a de Villaverde jusqu'à cette Capitale, pour pouvoir la contempler tout à mon aise, en conséquence je suis parti de très-bonne heure ce matin.

Madrid est située en grande partie sur un terrein en pente, ce qui fait quelle paroît avec avantage du côté par lequel j'y suis entré : sa forme est presque circulaire, & son diametre est d'un peu plus de deux milles Anglois. Le grand nombre de Dômes, & de Clochers que l'on apperçoit à une certaine distance, ainsi que plusieurs vastes édifices, donnent la plus grande idée de cette ville.

J'y suis entré par le magnifique pont de Pierre que Philippe II, a fait construire sur le Manzanarès. Un Voyageur François s'est égayé à ses dépens, & a lâché quelques plaisanteries sur la disproportion qu'il y a entre ce pont & l'eau qui y passe. Les François ainsi que les autres, ne manquent jamais les occasions de critiquer ce qui se fait dans les pays étrangers. Le fait est que le Manzanarès devient quelquefois une riviere très-considerable par la fonte subite des neiges qui couvrent les Montagnes voisines, & qu'il a souvent un demi mille de largeur en hyver. Ainsi Philippe eut très-fort raison de bâtir un vaste pont; & ceux qui prétendent le tourner en ridicule pour cet ouvrage, méritent eux-mêmes de passer pour tels.

Depuis le pont jusqu'à la porte de la ville se trouve une avenue, large & droite, de beaux arbres, qui en rend l'entrée très magnifique de ce côté. Il est impossible de vous exprimer à quel point je fus choqué de l'horrible puanteur dont j'ai été infecté en entrant par cette porte. Rien ne peut égaler la sensation désagréable que j'ai éprouvée. J'ai senti par tout mon corps une chaleur incommode, causée par les vapeurs fétides qui s'exhaloient d'amas très-nombreux d'immondices répandus dans les rues. Ma tête en a été sur le champ affectée, & j'ai continué depuis à y avoir mal.

J'ai mis pied à terre dans une auberge nommée *la Locanda del principe*, dont l'hôte est un certain *Zilio* Vénitien facétieux: je m'y suis établi dans l'appartement le plus élevé pour être le plus loin qu'il me sera possible de l'infection. Mais tout l'atmosphere est si fort impregné de ces vapeurs que je ne crois pas qu'il soit possible de s'en préserver : montât-on même à la troisieme région de l'air. Cet inconvénient m'a si fort dégouté, qu'au lieu de séjourner ici un mois entier comme je me l'étois d'abord proposé; j'ai déjà résolu de partir au bout de cinq à six jours tout au plus.

Comme j'avois besoin de quelque repos après la fatigue d'un voyage de quinze jours. Je suis resté au logis tout le reste de la journée, de sorte que jusqu'à présent je ne saurois vous dire autre chose de Madrid si ce n'est qu'elle put comme un *Cloaca maxima*. Le peu de rues par lesquelles j'ai passé pour me rendre à l'auberge sont toutes droites & larges, plusieurs des Maisons & des Eglises sont fort apparentes. Si ce n'étoit les immondices abominables qui laissent à peine un passage aux piétons le long des murailles, je regarderois Madrid comme l'une des belles Villes de l'Europe : mais l'odeur révoltante qui y domine me fait repentir d'y être venu. J'avois beaucoup lû & ouï parler de sa malpropreté, mais je m'imaginois qu'on l'avoit fort exagérée, mes yeux & mes narines m'ont convaincu que j'avois tort.

Mais pourquoi s'affliger des choses auxquelles on ne sauroit remédier ? Au lieu d'augmenter mon chagrin présent en le racontant, ce que je pourrai faire de mieux sera de partir le plutôt qu'il me sera possible, si je restois ici seulement un mois je craindrois que mon odorat ne fût tout à fait perdu, je ne veux pas en courir le risque. Mon hôte *Zilio* rit de tout son cœur, suivant l'usage de son pays, de mon dépit; & jure que son nés (qu'il tire en jurant) est fait depuis si long-temps à cette bonne odeur, qu'il se promène avec autant de plaisir dans les rues de la Ville que dans la Campagne. Il est certain qu'un long usage nous accoutume insensiblement aux choses les plus révoltantes. Il en est cependant auxquelles je ne saurois jamais me plier. Il y auroit beaucoup à voir & beaucoup à apprendre ici, pendant un mois, de choses qui meriteroient d'être vues & sçues, je suis même persuadé que dans quelque tems d'ici je regretterai d'avoir perdu l'occasion de connoître à fond cette Capitale, mais je ne saurois me familiariser avec

M 4

l'idée de satisfaire mon oisive curiosité aux dépens d'un mois de souffrance. Je ne saurois que blâmer les Espagnols de n'avoir pas empêché les progrès d'un pareil inconvénient qui a gagné de siecle en siecle au point de n'être presque plus susceptible de remede. Mais je veux m'en aller, & ne jamais songer à revoir cette Ville, à moins que le Roy ne réalise (63) le projet que l'on dit qu'il a formé de la nettoyer; cet ouvrage égalera un des travaux d'Hercule.

En attendant, pour employer ma soirée, permettez que je place ici quelques instructions pour les Voyageurs qui entreprendront par la suite le Voyage de Lisbonne à Madrid; afin que ceux auxquels il arrivera de lire ces lettres puissent faire cette route avec plus de facilité, & d'aisance, que je ne l'ai faite faute de pareilles instructions.

La premiere chose que l'on doit faire avant de quitter Lisbonne, est de se munir d'un passeport du Secretaire d'Etat, sans cela on ne vous laisseroit pas sortir de l'Estramadoure, on seroit forcé de s'en retour-

---

(63) Le Roi a exécuté son projet quatre ou cinq ans depuis cette lettre écrite : Madrid est actuellement aussi propre qu'aucune autre Ville d'Europe.

retourner pour en chercher un, & l'on courroit même risque d'être mis en prison. Le Gouvernement Portugais est peut-être le plus soupçonneux de tous ceux d'Europe. Il prétend être informé de tous les détails concernant les étrangers qui entrent ou sortent du Royaume, & l'on s'y fait peu de scrupule de les mettre en prison sans beaucoup de formalité; à ce que j'ai appris par la voix publique. Outre qu'en se munissant d'un passeport on évite ce danger, on a encore l'avantage qu'en le montrant aux douaniers, ils n'ouvrent point vos malles, surtout si vous êtes assez adroit pour leur glisser une piece d'argent. Il est très-désagréable d'avoir ses hardes dérangées par de pareils visiteurs, auxquels on est obligé de parler poliment tant en Portugal qu'en Espagne, pour éviter qu'ils ne vous donnent de l'embarras comme ils sont en droit de le faire. On doit observer de n'avoir rien de sujet aux droits; point de chemises neuves, point de mouchoirs neufs, point de bas neufs, point de souliers neufs, enfin rien de neuf, où l'on est chagriné dans certains endroits beaucoup plus qu'on ne sauroit se l'imaginer. Il ne faut avoir avec soi que des Livres Espagnols, Portugais ou Italiens. Un de mes amis qui avoit envie d'emporter avec lui un livre anglois à Madrid, prit soin de coler sur le premier feuillet l'image de St. Antoine; & l'empêcha par ce moyen d'être confisqué. Si l'on a des Livres Anglois, Hollandois, où même François, ou quelque chose qui soit tout à fait neuf, fut-ce même pour son usage, il faut le déclarer aux commis avant la visite, lorsque vous les voyez décidés à la faire; ou même sans cela, si l'on néglige cette formalité, on est souvent dans le cas de s'en repentir.

Quand on aura son passeport, il faudra envoyer chercher des *Caleffeiros* & les choisir dans le nombre de ceux qui demeurent à *Aldeagallega*, & point à Lisbonne, que l'on ne doit employer que lorsqu'on se propose de voyager le long des rives Occidentales du Tage. Lorsqu'on veut visiter le côté opposé il faut préférer les voituriers d'Aldeagallega, qui tiennent leurs voitures & leurs bêtes de trait dans ce Village, leur constante occupation étant d'aller & de venir sur la route de Madrid; ce qui fait qu'ils la connoissent mieux que ceux de Lisbonne, d'ailleurs on les a toujours à meilleur marché.

Il faut faire avec eux son marché par écrit: le prix d'une chaise attelée de deux mules de Aldeagallega jufqu'à Madrid eft ordinairement de trente fix fchellings par Mille & de trente fept en hyver: on ne doit pas oublier de ftipuler qu'ils pafferont par Toléde, & par Aranjuez, lorsqu'on defire vifiter ces deux places, qui méritent certainement d'être vûes. Lorsque le marché eft figné; ces voituriers, qui font des drôtes très-rufés, ne manquent pas de dire que que vous aurez befoin de bœufs au *Puerto de Truxillo* pour monter cette montagne efcarpée, & difficile. Je fus affez fimple lorsqu'ils m'en parlerent pour leur lâcher deux ou trois crufades par deffus le prix convenu fur leur promeffe verbale d'avoir foin de fe procurer ces bœufs. Mais lorsque nous fumes au Truxillo ils prétendirent ne pouvoir en trouver, & garderent mon argent. Les conféquences de cette manœuvre furent que ma chaife fut renverfée, & la malle qui étoit derriere presque entierement brifée en tombant parmi les rochers. Il faut en conféquence garder fon argent, & lorsqu'on arrive à Truxillo, leur ordonner de chercher des bœufs & donner une Crufade par tête aux deux hommes qui viendront avec ces animaux pour trainer la voiture à travers de ce paffage pénible & dangereux.

J'ai toujours regardé comme un très-grand embarras de transporter avec soi une grande quantité de choses dans un long voyage. Ainsi au lieu de me pourvoir d'un lit, & de plusieurs ustenciles de cuisine, ainsi que nombre de personnes me l'avoient conseillé; je m'en remis à la providence pour ma nourriture, & ne voulus me charger de rien d'extraordinaire, à l'exception d'une paillasse & de quelques draps. Si l'on étoit plus délicat on pourroit se pourvoir d'un couteau, d'une cueiller, d'une fourchette, d'un gobelet, de quelques essui-mains, d'une marmite à bouillir la viande, & d'un bougeoir ainsi que de quelques bougies.

Si l'on a un domestique qui soit un peu cuisinier; cela n'en est que mieux; sinon, il faut faire comme on peut. L'on ne trouve ordinairement dans les estallages, & dans les posadas d'autres mets, qu'un plat de *garhvanzos* & de *judias* (*poix chiches, & feves ou haricots*) bouillis avec de l'huile & de l'eau, & assaisonnés d'une forte doze de poivre, accompagné d'un second de *bacallao* & de *sardinas* (*morue* & *sardines*) aprêté de même avec du poivre & de l'huile. On ne trouve pas une seule once de beurre dans tout le voyage, si ce n'est à *Aranjuez*. C'est du moins ce qui m'est arrivé. Si l'on ne peut se résoudre à se contenter de mets aussi friands, il faut avoir soin dès qu'on arrive dans une ville ou dans un village de se pourvoir de viande, de volaille & de gibier. J'ai surtout toujours trouvé du gibier en abondance par tout où je me suis arrêté, principalement d'excellentes perdrix: les œufs frais sont aussi assez communs. Quand on n'a point de domestiques: vous rencontrez toujours quelque femme qui vous apprête vos vivres pour très peu de chose: il est vrai qu'elles s'en acquittent assez mal: mais que faire? Leur méthode de rotir, est d'enfiler le morceau de viande, la volaille ou le gibier sur la pointe d'une broche à main; & de la tourner fréquemment devant un feu composé de romarin & de thin qui abonde par tout dans les Provinces d'Allentejo & d'Estramadoure: cette méthode est singuliere, & n'est cependant pas aussi mauvaise qu'on pourroit le croire, surtout lorsque l'on se trouve avoir appetit; l'on en manque rarement dans ces contrées, où l'air est pur & très-vif. Dans les grandes Villes, telles que Badajoz, Merida, Talavera, & Toléde, la cuisine se fait moins à la Tartare, mais dans les villages, dans les *Ventas* & les *Estallages* on n'en fait pas davantage.

Si quelques-unes de leurs cuisines se trouvoient munies d'un tournebroche, je suis convaincu que les habitans des Provinces voisines accoureroient en foule pour l'admirer comme une merveille, ainsi que les enfans de Talaverola s'empressèrent à voir ma montre.

Quand on voyage dans l'été ainsi qu'il m'est arrivé, il faut se pourvoir d'un pannier. On trouve alors des raisins, des figues, des melons, & d'autres fruits dans le voisinage de presque toutes les habitations; on ne doit pas manquer d'en remplir son pannier, c'est un préservatif contre la grande chaleur qui est quelquefois insuportable. J'ai trouvé que les paysans Portugais & les paysans Espagnols étoient fort honnêtes : Il me donnoient les meilleurs fruits qu'ils eussent lorsque je passois près de leurs vignes ; & étoient encore reconnoissans lorsque je leur donnois quelque argent : quelques-uns étoient assez généreux pour refuser ce que je leur offrois, quoique ce qu'ils m'avoient donné eût valu à Londres plusieurs guinées : mais dans les pays où l'on fait de l'argent de la moindre bagatelle, il n'y a point de bagatelle dont on ne veuille avoir de l'argent.

Soit que l'on ait un lit, ou simplement une paillasse, on doit avoir soin de faire bien balayer la chambre où l'on doit coucher, & de les placer à un certain éloignement des murailles sans quoi on s'expose à avoir son sommeil interrompu par différentes especes d'insectes, qui se multiplient prodigieusement & en peu de temps dans un climat aussi chaud, & dans un pays aussi misérable que celui-ci (64).

(64) Quand on vient de la France, ou de toute autre contrée de l'Europe, en Espagne; on ne trouve plus les douceurs que l'on a eues dans les pays que l'on vient de quitter, & l'on est surpris de trouver une si prodigieuse différence dans la maniere de vivre & de recevoir les étrangers. Les choses vont encore assez bien dans la Catalogne & la Navarre où les peuples ont quelque chose de l'urbanité Françoise; Mais dans l'Arragon, la Biscaye, la Castille, & ailleurs, il faut se résoudre à faire très mauvaise chere & très-mauvais gîte. Dans les hôtelleries vous ne trouvez jamais rien de prêt, il faut donner l'argent nécessaire & l'on va vous chercher pain, vin viande &c. Le prix de toutes choses est ordinairement réglé; l'on sçait ce qu'il faut payer, & un hote ne peut pas vous fripponner. Vous donnez tant pour l'apprêt de vos viandes, tant pour le service, le lit &c. Si l'on se trouve dans une ville un peu passable on aura une nape, grande comme une serviete, & une serviette grande comme un mouchoir; partout ailleurs il faut s'en passer. Il faut avouer que l'on trouve assez généralement de bonne viande, d'excellent gibier & du vin qui seroit délicieux sans la détestable coutume de la plûpart des Espagnols qui l'enferment dans

Bien des gens sont portés à se figurer des dangers dans des pays éloignés, voient les voleurs en foule dans les grands chemins, & les assassins dans chaque auberge. Quand a moi je n'en ai jamais trouvé dans mes différentes courses dans plusieurs parties de l'Europe. Cela n'empêche pas qu'il ne soit prudent de de porter avec soi des pistolets, & de les placer dans sa chaise de maniere qu'on puisse facilement les appercevoir. Il faut les avoir à la main en descendant de voiture pour que l'on voie que vous êtes précautionné contre toutes les attaques. Mon Baptiste est armé d'un couteau de chasse qui pend à son côté: il a de plus un effrayant mousqueton toujours à découvert. Le petit peuple chez toutes les nations ne m'a jamais paru fort hardi à rien entreprendre contre les étrangers, lorsqu'il présume la moindre résistance de leur part, par conséquent ayant

des vaisseaux faits de peaux goudronnées qui sentent le bouc & la poix à faire vomir : on ne trouve guere de tonneaux qu'en Catalogue & dans le royaume de Valence. Le pain des hôtelleries est presque partout fait de bled de Turquie: il est passablement blanc, mais lourd & de difficile digestion. Ce qu'il y a de plus singulier c'est qu'en approchant de Madrid, le centre de la Monarchie, on ne rencontre pas mieux & il ne semble pas que l'on soit à la porte d'une ville Capitale.

la précaution de faire parade de ces armes à feu, on lui ôte toute envie d'attaquer le voyageur qui en est pourvu.

Il ne faut point oublier un bon *Borracho*, surtout lorsqu'il fait chaud. En Portugal ainsi qu'en Espagne on trouve en plusieurs endroits d'excellent vin. Il faut le remplir du meilleur, & le rafraichir en le plongeant dans le premier ruisseau ou dans la premiere riviere. Les eaux courantes depuis Aldeagallega jusqu'à Madrid sont très-fraiches. Elles raffraichissoient mon vin en peu de minutes. On ne doit jamais permettre à ses Calesseros, de toucher aussi souvent au Borraccho qu'ils le voudroient; autrement ils deviennent querelleurs ou impertinents, outre qu'ils ne sont déjà que trop portés de leur naturel à dormir sur leurs mules, & à mettre en péril votre tête aussi bien que la leur par leur négligence. Si on ne peut les tenir éveillés, il faut s'abstenir soi-même de dormir dans sa voiture surtout quand on se trouve au milieu des montagnes. Les mules ont le pied sûr, & paroissent s'appercevoir du danger toutes les fois qu'il y en a: on doit malgré cela veiller de son côté à sa conservation.

On rencontre des méndians dans plusieurs endroits; je suis bien éloigné de blâmer la générosité envers ceux qui auroient peine à trouver à s'occuper dans le cas même où ils souhaiteroient ardemment de travailler. Mais il se trouve une race de ces gens là dans l'Estramadoure, qui non contents de demander la charité prétendent encore que l'on baise leurs Crucifix gras & leurs sales *Madones*. On ne doit rien leur donner, à moins qu'on ne se propose de baiser leurs images, du crédit, & des vertus desquelles ils sont plus jaloux que des *ochavos* & des *quartillos*. En leur donnant de bonnes paroles au lieu d'argent ils vous laisseront en repos ; mais en leur faisant l'aumône, & refusant de baiser ce qu'ils présentent, on est sûr de s'attirer des injures de leur part, quelque considérable que soit l'argent qu'on leur donne.

On doit toujours avoir des cordes de rechange dans le caisson de sa chaise pour rattacher ses malles dans l'occasion. Dans un pays où l'on ne trouve jamais rien sous la main de ce dont il arrive qu'on peut avoir besoin, le manque d'un morceau de corde peut quelquefois occasionner de grands embarras. J'ai coutume de porter jusqu'à des clouds, & un marteau ; il n'est pas hors de propos, toutes les fois qu'on met pied à terre, d'examiner si les malles sont bien attachées, surtout lorsque les chemins se trouvent être raboteux.

Quelques peu importans que paroissent ces avis, ils pourront cependant être utiles. Xénophon a cru qu'il importoit que la postérité n'ignorât pas, que Cyrus, parmi les provisions militaires dont il se pourvut, prit soin d'enjoindre à ses soldats de se munir de courroies de rechànge, afin que par leur moyen ils pussent empaqueter leurs hardes ou leur butin. Ces instructions sont inutiles pour ceux qui ont de l'argent en abondance, qui, au lieu de se borner au pas lent d'une mulle, peuvent envoyer des hommes & des mulles de relais devant eux, pour qu'elles soient prêtes au moment où ils en auront besoin, & pouvoir en changer toutes les fois que cela conviendra. Ceux qui sont en état de faire une pareille dépense, achevront en cinq ou six jours un voyage où j'en ai mis quinze.

Il ne faut pas non plus murmurer de nombre d'inconvéniens auxquels on est exposé dans cette route qui a ses agrémens aussi bien que ses peines, outre la satisfaction que donne ordinairement la vue de manieres de vivre tout-à-fait différentes des nôtres, ceux qui vont de Lisbonne à Madrid ont, ou peuvent avoir tous les soirs le plaisir de voir danser, ce qui n'est pas un amusement à mépriser pour quelqu'un dont l'humeur est portée à la joie : la danse suspend en général toutes les sensations pénibles, & rend heureux pour le moment. Le contentement des autres dont nous sommes les témoins ne sauroit que nous inspirer à nous mêmes des idées consolantes. Par tout où vous arrivez le soir, vous trouvez toujours quelqu'un qui joue de la guitarre, ou si par hazard il ne s'en trouvoit point dans le moment, il seroit facile avec une bagatelle de s'en procurer : par ce moyen on rassemble tout d'un coup tous les jeunes gens des deux sexes qui sont à portée, & l'on passe ainsi une heure fort agréablement. C'est du moins ainsi que j'ai passé plusieurs soirées (65).

(65) Le goût de la danse & de la galanterie est généralement répandu partout : Ce sont les deux passions dominantes des Espagnols. Depuis le Regne des Bourbons en Espagne, la jalousie y a été renfermée dans de certaines bornes. On a observé qu'à mesure que les pays se civilisent cette horrible passion diminue. La danse est pour les Espagnols un amusement si agréable que les femmes même les plus agées ne s'en privent point, & ne voudroient pas pour toute chose au monde être exclues d'aucune fête. On voit souvent la grand-mere, la mere, & la fille danser ensemble dans la même assemblée. Dans les autres pays la danse est ordinairement pour les jeunes

LETTRE LV.

Reine subtile. Le Palais presque fini. Confiance aux Prêtres. Grande quantité de tableaux, pourquoi. Missels semblables à des Atlas. Ni grave, ni troppoli, ni réservé, ni jaloux. Une Tertulia est une jolie chose. Congé à l'Espagnole. Ris à la Valencienne.

Madrid, 8 Octobre 1760.

J'AI Envoyé hier au soir un billet à mon ami Don Felix d'Abreu, pour lui apprendre mon arrivée & lui annoncer que j'irois diner demain avec lui, à condition qu'il s'abstiendroit pour cette fois de ses

gens & les cartes pour la vieillesse. Les deux danses favorites des Espagnols sont les *Séquedillas* & le *Fandango*. La premiere a quelque chose de ressemblant à la danse Angloise nommée *le Hay*. L'autre est fort ancienne & paroit venir des Romains quoique les Espagnols y aient mêlé je ne sçais quoi d'Arabesque. Ils sont généralement foux de cette danse, les grands, la noblesse, les bourgeois & le petit petit peuple: elle a quelque ressemblance avec la *Pantomime de Léda* qui se dansoit chez les Romains.

ragouts François & me donneroit un véritable repas Espagnol. Il m'a répondu qu'il se conformeroit à mes désirs, & viendroit me voir de bonne heure ce matin.

Il m'a tenu parole, nous avons été ensemble au nouveau Palais du Roi, qui étoit ce que j'avois le plus envie de voir ; non seulement parce qu'il m'a frappé hier au soir lorsque je l'ai apperçu dans l'éloignement; mais encore parce que je n'ai pas oublié *Signor Sachetti* qui en en est l'Architecte, & a été l'intime ami & le compagnon d'étude en Architecture de nôtre pere, sous *Don Philippe Juvara*, le fameux Sicilien, qui a laissé à Turin, & dans ses environs un si grand nombre de monuments de son habileté. Mais avant d'essäier de vous donner quelque idée de cet édifice, je vous dirai la raison pour la quelle il a été construit sur le plan de Sachetti préférablement à celui de Juvara.

En l'année 1734 le vieux Palais Royal de Madrid fut incendié, je ne sais par quel accident. Le Roy Philippe V. voulant en avoir un autre, & ayant ouï dire que Juvara passait pour le meilleur Architecte de son siecle, le demanda à notre

Roi, au service duquel il étoit depuis plusieurs années.

A l'arrivée de Juvara à Madrid, on lui ordonna de dessiner un plan; tandis qu'il étoit occupé à cet ouvrage, il arriva qu'Elizabeth Farneze, seconde femme du Roi, qui étoit absolument la maitresse & dont son mari faisoit toutes les volontes, se mit en tête d'entreprendre une guerre par le moyen de laquelle elle espéroit procurer un établissement en Italie à son second fils Charles. Ainsi au-lieu de dépenser en bâtimens, suivant l'intention du Roi, les millions qu'il y avoit destiné: elle jugea à propos de s'en servir pour subvenir aux fraix de cette guerre.

Il vous est aisé de penser que Juvara ne devina point l'intention de la Reine; il n'étoit pas même assez politique pour en concevoir la moindre idée. Il se hâta de finir son modéle, qu'il ne douta pas un instant qu'on ne mit en éxécution, surtout la Reine le sollicitant d'y mettre la derniere main.

Ce modele ne fut pas sitôt prêt & présenté au Roi pour avoir son approbation, que Patino, qui étoit alors premier Ministre, & initié dans les secrets de la Reine, se prêta à ses vues, représenta au Roi que Juvara avoit donné un plan trop resserré, que le Palais qu'il prétendoit construire ne convenoit point pour l'habitation d'un Roi d'Espagne, qu'il falloit qu'il en fit un autre plus proportionné à la grandeur du Monarque auquel il étoit destiné.

Philippe fut la dupe des objections de Patino, surtout lorsqu'elles se trouverent appuyées par la Reine ; Juvara lui-même ne fut nullement mécontent lorsqu'il sut que l'intention de leurs Majestés étoit qu'il fit tout ce qui lui seroit possible, & qu'il pensât à un plan propre à déployer toute la profondeur de ses connoissances en Architecture, & proportionné aux richesses du Monarque.

Dans l'espace de trois ans Juvara produisit un second modele, si magnifique, qu'il ne crut pas qu'on pût former la moindre difficulté contre un pareil édifice relativement à son étendue & à sa splendeur ; il eut la satisfaction momentanée de s'entendre beaucoup louer par toute la Cour pour la richesse de ses idées. Mais lorsqu'il fit voir l'état des dépenses qu'exigeroit cet ouvrage, qui se montoit à plus de trente millions sterlings, la Reine & son Confifident ne manquerent pas d'objecter que les finances du Roi ne lui permettoient pas de fournir aux frais d'une pareille entreprise. En conséquence on ordonna au pauvre Architecte de penser à un troisieme plan ; également éloigné de la petitesse du premier, & du trop d'étendue du second.

Faire des remontrances contre cette décision auroit été une absurdité; mais tandis qu'il étoit occupé à ce qu'on exigeoit de lui; la guerre à laquelle on se preparoit depuis long-temps fut déclarée, les Espagnols furent obligés d'envoyer la meilleure partie de leurs pistoles en Italie, conséquemment Juvara & ses plans furent oubliés: à peine lui étoit-il permis lorsqu'il paroissoit à la Cour de parler de bâtiment, Patino particulierement faisoit naître un si grand nombre de difficultés toutes les fois qu'il osoit montrer quelques-uns de ses desseins au Roi, que cet artiste mourut à la fin de chagrin, vraisemblablement à la grande satisfaction du rusé Ministre qui l'avoit long-tems encouragé à étaler toute la profondeur de son génie dans son second plan.

Peu après la mort de Juvara, le Roi, qui pensoit sérieusement à faire construire un Palais, s'informa si Juvara avoit laissé après lui quelqu'un de ses disciples capable de profiter des idées de son maître & de les exécuter. Il s'en trouvoit deux à la Cour du Roi de Sardaigne, savoir Sacchetti, & notre pere. Sacchetti passant pour le plus habile, fut envoyé en Espagne, où il fit le modele du Palais actuellement existant; il fut approuvé, la guerre étant alors vers sa fin. L'impatient Monarque voulut malgré les différentes objections de ses Ministres que l'ouvrage se commençât mais la continuation de la guerre fut cause qu'on y travailla si lentement qu'il sembloit qu'on craignoit qu'il ne se finît. Cependant dès que la paix fut signée, la Reine même poussa l'ouvrage avec tant d'ardeur, que Sacchetti eut la satisfaction de le voir avancer avec rapidité. Il est encore vivant, mais si vieux & si infirme, que je crains de ne pouvoir le voir: on n'admet plus personne à la ruelle du lit dans lequel il est confiné depuis très-long-tems. Dans l'espace de cinq ou six ans au plus, le Palais sera entiérement fini; le Roi & sa famille pourront l'occuper.

Cette Anecdote seroit vraisemblablement demeurée ensévelie dans un éternel oubli, si le Roi regnant ne l'avoit pas révélée lui-même dans un moment de bonne humeur à quelques-uns des Courtisans de sa suite, la premiere fois qu'il fut voir ce Palais à son retour de Naples: elle m'a parue assez singuliere pour mériter une place dans cette lettre ; elle est propre à donner une idée de l'étendue de la politique de la Reine, de la ruse d'un Ministre, & de la simplicité crédule d'un célebre Artiste.

Je n'oserois me hazarder à vous donner *une* exacte description de l'énorme ouvrage de Sacchetti. Il suffira de vous dire, que sa forme est exactement quadrangulaire, & que chacune des quatre faces est à peu de chose près semblable. Le premier étage a vingt-une fenêtres, à chaque face. Le devant du Palais est occupé par une vaste place réguliere, & il a des champs derriere. L'un de ses côtés a vue sur la ville, celui qui lui est opposé en a une très-étendue sur la campagne, que l'on découvre des fenêtres même du rez de chaussée, étant située sur une éminence éloignée d'une portée de pistolet du Manzanarès. Il est composé de trois étages sous terre, & de cinq au-dessus. Les chambres (ou celliers) du dernier étage sous terre sont si humides que je ne jugeai pas à propos de les visiter toutes. Je m'imaginai être dans une glaciere : on m'a dit que tout cet étage ne serviroit qu'à serrer les viandes. Les cuisines occuperont l'étage au-dessus, le suivant servira à loger tous ceux qui y sont employés.

Ces trois étages sont si bien disposés, que même le plus bas n'est pas entièrement destitué de lumiere : mais sa grande profondeur le rend si humide, malgré son extrême fraîcheur qu'on assure qu'il s'y engendre une grande quantité de scorpions & d'arraignées, & même plusieurs especes d'insectes que l'on n'avoit jamais connus dans le Royaume ; ce qui pourroit bien engager à combler cet étage (66).

Quand aux appartemens au dessus de l'étage des cuisines, ils sont si élevés & si bien éclairés, qu'ils paroissent destinés à loger des gens bien plus considérables que cuisiniers, & des marmitons. Je n'ai point compté le nombre de marches qu'il y a du rez de chaussée jusqu'au fond de ce prodigieux souterrain ; mais elles sont si nombreuses que ce n'est pas un petit ouvrage que de les monter.

Si les appartemens sous terre sont spacieux, vous vous imaginerez aisément que ceux qui sont au dessus ne sauroient leur être inférieurs. Ceux du rez de chaussée sont déja habités par quelques-uns des pre-

---

(66) C'est ce que l'on a fait long-temps après la datte de la présente lettre.

miers Officiers de la Cour. Les appartemens du Roi sont au dessus de ceux des grands Officiers. Le frere, & les enfans de sa Majesté seront logés au troisieme, le quatrieme & le cinquieme sont destinés aux gens de leur suite.

Comme aucun des quatre derniers étages n'est encore entiérement fini, que tous sont embarrassés par des échafauds, des matériaux, & des outils de plusieurs centaines d'ouvriers qui y sont journellement employés, je ne pus rien distinguer en détail, tout ce que j'en ai conçu après avoir jetté un coup d'œil en passant, c'est que lorsque le tout sera fini, le Roi d'Espagne sera pour le moins aussi superbement logé qu'aucun Monarque d'Europe, surtout si l'on prolonge les deux ailes qui doivent servir de cloture à la place qui est devant le Palais.

Plusieurs des chambres & des Salles des appartemens du Roi auront des plafonds peints, les uns par deux Italiens nommés *Corrado* & *Trépolo*, d'autres par un Allemand nommé *Mengs*, quelques-uns par un François nommé *Bayeu*, & quelques autres par un Espagnol nommé *Velasquez*. Il est vraisemblable que chacun d'eux cherchera par émulation à surpasser son rival & que tous feront de leur mieux. Je pense que *Corrado* a une invention plus singuliere & plus variée que ses concurrens: mais *Mengs* est à toutes sortes d'égards le plus habile: son invention ne le cede guere à celle de Corrado, son dessein est beaucoup plus correct, & son coloris est tout à fait enchanteur. Le Roi le regarde comme le premier peintre du siecle, & comme ce Monarque a été accoutumé dès sa plus tendre jeunesse à habiter des appartemens ornés d'un grand nombre de tableaux des meilleurs maitres, son sentiment sur cette matiere doit être d'un grand poids: quelque soit le mépris que certains philosophes cyniques affectent pour les connoissances d'un Roi. Quelques-uns de ces plafonds doivent être ornés de sculptures, de dorures, & de stucs, d'autres le seront d'une maniere différente. Mais, comme je vous l'ai déjà dit, tout est à présent dans la plus grande confusion, rien n'étant encore fini.

Plusieurs des murailles des chambres, surtout celles des appartemens du Roi, sont incrustées de différentes especes de marbres du Royaume, ceux particulierement qu'on a tirés de l'Andalousie, prennent un poli très-surprenant, & sont comparables aux plus beaux marbres antiques.

Je ne finirois point si j'entreprenois de vous décrire la variété, & la beauté des fleurs qui les décorent : les unes formées de l'assemblage de différentes especes de bois des Indes, les autres par une nombreuse variété de pierres des plus singulieres, & de marbres les plus rares que l'Espagne & l'Italie puissent fournir.

Outre les riches ameublemens destinés pour chacun des appartemens royaux, dont quelques pieces sont déjà en place, le Roi possede un nombre immense de tableaux Italiens & Flamands, dont il réserve la plus grande partie pour ce Palais. L'on m'a montré quelques morceaux de *Raphaël*, *du Titien*, de *Jordan*, de *Vandicke*, & de *Rubens* parfaitement conservés, & étonnants par leur beauté, outre quelques autres de l'ancien *Velasquez*, & de *Murillo*, dont on fait avec raison le plus grand cas. Il faut espérer que lorsque cette maison Royale sera entierement finie, & meublée, le Roi ordonnera que l'on publie un Catalogue & une description exacte de ces précieux morceaux & fera graver le plan de ce superbe édifice, pour servir à l'avancement des arts, & à l'instruction de ceux qui les cultivent.

Ce qui m'a le plus frappé, est l'entrée de la porte principale, & la Chapelle

Royale. Cette entrée est soutenue par un grand nombre de colomnes élevées, elle est à l'Italienne & point à la Françoise. C'est-à-dire que lorsque le Roi d'Espagne rentrera, il descendra de Carosse à couvert, ce que celui de France ne sauroit faire à Versailles, où il faut qu'il descende de voiture en plein air, & où il est exposé à se mouiller lorsqu'il pleut.

Quand à la Chapelle Royale elle sera aussi beaucoup plus belle que celle de Versailles, on n'a rien épargné pour en faire la plus magnifique Chapelle du monde; sa richesse ne nuit pourtant en rien à son élégance: on y fait déjà le service divin: j'avoue que je fus un peu choqué en lisant un écriteau qui étoit sur la porte: & qui disoit, *Oy se saca anima:* C'est-à-dire *aujourd'hui on délivre une âme du purgatoire*; pour faire entendre qu'on célébroit une messe privilégiée qui devoit opérer cette merveilleuse délivrance. Quoique j'aie vécu dix ans de suite en Angleterre je n'ai point oublié l'efficacité des indulgences Papales; mais je n'ai jamais observé que nos prêtres d'Italie fussent aussi décidés sur cette matiere, & parlassent d'une maniere aussi affirmative que cette inscription: puisque les prêtres Espagnols sont si positifs sur la vertu de certaines messes particulieculieres dites dans cette Chapelle le Roi feroit bien de les employer conftamment à cette œuvre falutaire, & les obliger à vuider ce lieu de fouffrances à mefure qu'il fe remplit.

La facriftie de cette Chapelle eft auffi très-fomptueufe & déjà décorée des meilleurs tableaux qui foient fortis du pinçeau de nos premiers maitres.

Comme je témoignois ma furprife du grand nombre de chefs d'œuvres Italiens & Flamands que le Roi poffédoit. Don Felix, m'a appris que la majeure partie avoit été fucceffivement tranfportée en Efpagne dans des tems reculés par les Vicerois de Naples, les Gouverneurs des pays-bas & ceux du Milanois, qui avoient ordinairement foin lorfqu'ils occupoient ces poftes d'en ramaffer le plus qu'il leur étoit poffible.

Cette raifon m'a parue fatisfaifante, & a diminué l'étonnement que me caufoit cette prodigieufe collection. La plus grande partie de ces tableaux eft tombée graduellement entre les mains des Rois qui fe fuccederent les uns aux autres; & il s'en trouve actuellement une fi grande quantité en Efpagne, que s'il étoient tous raffemblés dans un lieu convenable, les galeries d'Orléans & du Luxembourg à Paris ne feroient que fort peu de chose en comparaison. Je ne dois pas non plus oublier que parmi ces tableaux du Roi, il s'en trouve quelques-uns qui ont appartenus à l'infortuné Charles premier, Roi d'Angleterre, indignement vendus aux Espagnols par ses sujets rebelles.

Outre ce grand nombre de tableaux apportés par ces Gouverneurs & par ces Vicerois, & ceux achetés des Anglois, l'Empereur Charles quint appella en Espagne l'illustre *Titien*, (67) qui laissa tant à

(67) Parmi le grand nombre de peintres dont les ouvrages ornent le Palais de Madrid, on s'arrête avec raison sur le *Titien*. Ce célebre artiste naquit dans le Frioul, en 1477. Il se fit d'abord connoître par les portraits, dans lesquels il excelloit ; ayant parfaitement réussi à faire ceux de plusieurs nobles de Venise, le Sénat lui donna pour récompense de ses talens un office de trois cents écus de revenu.

Sa réputation s'étant répandue chez les étrangers, les Souverains voulurent être peints par ce grand maître. Il fit le portrait de Paul III, lorsqu'il étoit à Ferrare. Il se rendit à Urbin pour y peindre le Duc & la Duchesse de cette Principauté ; il fit ensuite celui de Soliman II, Empereur des Turcs, ainsi que ceux de François I & de Charles-Quint. Plusieurs Doges & plusieurs Papes ont été peints par cet habile artiste.

Personne ne s'est plus attaché à imiter la nature que le Titien ; il peignoit encore mieux les femmes que les hommes. Il excelloit aussi dans le paysage ; il avoit les idées gran-

Madrid qu'à l'Escurial des ouvrages bien plus considérables que ceux qu'il avoit faits

des & nobles dans les sujets sérieux, ingénieuses & agréables dans ceux qu'il tiroit de la fable. Son caractere tendre & sensible se peignoit dans ses ouvrages, dont le nombre considérable a prouvé la fécondité de son génie.

Il fit souvent des fautes contre le costume, & quelquefois aussi des anachronismes, en réunissant des personnages qui ont vécu dans des siecles différens; mais on a attribué ces défauts à sa complaisance pour ceux qui lui demandoient des tableaux.

Son génie étoit noble & délicat, ses attitudes simples & vraies; ses airs de tête, quoique admirables, manquoient quelquefois d'un peu d'expression. Il consultoit peu l'antique, & répétoit souvent les mêmes sujets; mais son coloris sembloit réfléchir la lumiere, & lui a mérité le rang de premier peintre du monde dans cette partie la plus séduisante de son art. Il avoit plus de goût que le Giorgion, & une plus grande finesse dans les accompagnemens & les accessoires de ses sujets. Ses portraits particuliérement sont inimitables. Cet artiste avoit encore l'art de bien dessiner & peindre les enfans. Il est le premier qui leur ait donné les grâces & le caractere de leur âge. Ses paysages sont non-seulement estimables par la belle magie de couleur qui y regne, mais encore par le savant dessin des branches des arbres, représentées dans leur véritable disposition perspective; ses fabriques sont encore remarquables par leurs formes gothiques, qui nous retracent parfaitement le goût d'architecture de son siecle; ses sites ont aussi un caractere qui lui est propre, & qui donne à ses tableaux une singularité piquante.

Le Titien ayant eu ordre d'aller en Espagne pour faire

à Venise. Ensuite *Jacob Bassan*, *Jean de Bergâme*, *Jacob Trezzo*, les deux *Leoni*

un troisieme portrait de Charles Quint, & peindre son fils Philippe, Roi d'Espagne ; l'Empereur l'honora à Barcelone du titre de Comte Palatin, en 1552, lui donna une pension considérable sur la Chambre de Naples, le fit Chevalier de l'Ordre de S. Jacques à Bruxelles, établit ses deux fils, les mit parmi les Officiers qui l'accompagnoient dans ses marches. Il l'envoya à Inspruk faire les portraits du Roi & de la Reine des Romains. Un jour que Charles-Quint le regardoit peindre, l'artiste animé par la présence du Monarque, laissa tomber un de ses pinceaux que ce Prince ne dédaigna pas de ramasser. Le Titien confus lui fit toutes les excuses qu'il lui devoit ; cet Empereur, sans croire déroger à sa grandeur, voulut bien lui répondre que le Titien méritoit d'être servi par César. La considération que lui marqua Charles-Quint lui fit des jaloux ; ce fut à eux que ce Prince répondit, qu'il pouvoit faire des Ducs & des Comtes, mais qu'il n'y avoit que Dieu qui pût faire un homme comme le Titien.

Apres cinq années de séjour en Allemagne, le Titien retourna à Vénise, où il peignit plusieurs tableaux bien différemment des premiers, & dans lesquels il ne fondoit point ses teintes ; ses couleurs étoient vierges & sans mélange, aussi se sont-elles conservées fraiches & dans tout leur éclat jusqu'à ce jour.

Les tableaux de cette seconde maniere étoient moins finis, & ne font leur effet que de loin : au lieu que les premiers, faits dans la force de son âge, & d'après nature, étoient tellement terminés, qu'on peut les regarder de près comme dans une distance plus éloignée. Son grand travail y étoit caché par quelques touches hardies.

de Milan, *Lucchetto* de Gennes, *Pellegrini* de Bologne, *Zuccaro*, d'Urbin, *Luc Jordan* & plusieurs autres, qui ont séjourné longtems en Espagne durant les regnes des trois Philippes successifs, ont laissé un grand nombre d'ouvrages à Madrid, à l'Escurial, à Aranjuez, à St. Ildefonse, & dans d'autres endroits de cette Monarchie.

qu'il mettoit après coup pour déguiser la fatigue & la peine qu'il se donnoit à perfectionner ses ouvrages.

Entre un nombre infini de chef-d'œuvres de ce grand artiste, distribués dans les plus belles galeries de l'Europe, on remarque une représentation de S. Pierre Martyr, dont la composition, l'expression & la force lui donnent un rang éminent parmi les morceaux les plus recherchés. Le fond de ce tableau représente un paysage d'autant plus admirable, que l'effet soutient la beauté des figures, qui semblent détachées du tableau.

Tous les honneurs dont le Titien fut comblé, ont été obtenus par la considération qu'inspiroient ses talens. Il a joui d'une parfaite santé jusqu'à l'âge de 99 ans, conservant dans l'âge le plus avancé, le feu de la jeunesse & les saillies de l'imagination. Il mourut à Venise pendant la peste en 1576. On rapporte que sur la fin de sa carriere, sa vue étoit affoiblie, il voulut retoucher ses premiers tableaux, qu'il ne croyoit pas d'un coloris assez vigoureux; mais ses éleves mirent dans ses couleurs de l'huile d'olive qui ne seche point, & ils effaçoient son nouveau travail pendant son absence: c'est ainsi qu'ils nous ont conservé plusieurs chef-d'œuvres du Titien.

On trouve tout auprès de l'orgue de la Chapelle Royale soixante & dix Missels différens, qui contiennent tout ce qui est chanté pendant tout le courant de l'année dans cette Eglise par la bande nombreuse des Musiciens du Roi. Tous ces Missels sont aussi grands que les Atlas les plus copieux; leurs feuilles sont de vélin, tous superbement reliés, & on les change de place par le moyen de poulies de métal fixées à leur extrémité, qui facilitent leur changement de place & font qu'on les ôte sans peine de dessus leurs tablettes, & qu'on les y remet à volonté.

Mais ce qu'il y a de surprenant dans la plus grande partie de ces Missels, ce sont les mignatures qui se trouvent autour des marges. Celles qui sont peintes par Don *Louis Melendez* sont très supérieures à tous les ouvrages de cette espece. J'en considérai plusieurs avec admiration. Ce peintre est encore vivant: mais le Roi Ferdinand & la Reine Barbe, qui l'ont long-temps occupé ont oublié de pourvoir à son entretien, & l'on m'a assuré qu'il vivoit actuellement dans l'oubli & dans la misere. Si cela est vrai, c'est réellement bien dommage! un artiste de ce mérite auroit fait une grande fortune en Angleterre en peu de temps.

La cour du Palais, environnée d'un très-vaste portique, est si large que cinquante carosses pourroient y tourner tout à la fois sans beaucoup se gêner. En dehors de la porte principale, & le long de la façade la plus considérable de l'Edifice sont placées sur de hauts piedestaux huit statues pédestres dont quelques-unes représentent ceux des anciens Empereurs Romains qui étoient nés en Espagne. Ces statues sont de la taille que les sculpteurs nomment *Héroïque*. N'étant pas assez gigantesques au jugement du Roi, & peu proportionnées à l'élévation du Palais on m'a assuré que S. M. avoit ordonné qu'on les ôtât. (68)

Ayant passé près de quatre heures à examiner cette maison royale; j'ai été rendre mes devoirs à mon autre ami, le Consul Général Anglois, auquel j'avois aussi fait savoir hier au soir mon arrivée; je me suis entretenu pendant deux heures avec lui, nous avons principalement parlé de l'état présent de la littérature de ce Royaume; dont je desirerois fort me mettre un peu au fait, je crains de n'en avoir pas le temps. Ensuite, après avoir fait un tour avec le carosse de Don Felix dans plusieurs

(68). Ceci a été effectué peu après la datte de la présente lettre.

belles mais sales rues, qui ont augmenté mon mal de tête, & m'ont ôté l'appétit je me suis rendu chez lui pour manger son diné à l'Espagnole. Nous nous sommes trouvés cinq à table, savoir, Don Felix, un de ses jeunes freres qui est Officier, deux autres Gentilshommes Espagnols, & moi. La conversation a roulé sur le Palais Royal & sur la présente guerre. Quand au Palais nous avons été bientôt tous d'accord : & nous sommes unanimement convenus que lorsqu'il seroit achevé ce seroit un des plus magnifiques édifices qu'il y ait en Europe. Il n'en a pas été tout à fait de même de la guerre : aucun des Convives ne paroissoit cependant être trop partisan de la France, ils espéroient qu'elle ne reussiroit jamais à les engager à s'en mêler, surtout dans un tems où les Anglois avoient remporté nombre de victoires en Allemagne & sur mer. Don Felix, qui a séjourné onze ans en Angleterre avec un caractere public, & qui connoit aussi bien ses forces qu'aucun Ministre du Roi ne sauroit soutenir l'idée d'entrer en guerre avec eux : quoique suffisamment ulcéré par l'insolence, ainsi qu'il nomme, de certain Ministre Anglois, qui les a longtems insultés par ses discours méprisans, pleins de rodomontades &

prononcés en plein Parlement. Outre les injures infuportables que quelques écrivains Anglois ont vomies contre la nation Espagnole à l'occasion d'un vaisseau François pris par un Corsaire Anglois à la vue de la côte d'Espagne, que les juges Espagnols ont déclaré n'être pas de bonne prise. Nous avons été infulté plusieurs fois par les Anglois tant en Europe qu'en Amérique, a ajouté Don Felix, malgré cela je ne suis point d'avis que nous leur déclarions la guerre dans ce moment. La marine Françoise est presque détruite; & c'est se moquer que d'oser avancer que la nôtre seule soit en état de faire tête à celle d'Angleterre. (69) Telle est son opinion, il avoue en même tems que son credit dans le conseil du Roi n'est d'aucun poids, quoiquil foit *a Confejero de guerra (un membre du*

_____

(69) Les forces navales Espagnoles, telles qu'elles exiftoient en 1760, année où ces lettres ont été écrites, confiftoient, felon le Docteur Clarke, en 38 vaisseaux de ligne, chacun de 70 canons, quatre paquebots de 16 canons, fept galiottes à bombes de huit canons, chacune, 14 Chebecs de 14, 16, & 22 Canons, 21 Fregates de 22, 24, 26, 30 & de 50 Canons. Cadix a une école pour cent cinquante Gardes-marines entretenus par le Roi. On batiffoit en 1761 dans les chantiers de Guarnizo du Ferol & de Carthagene, quatre vaisseaux de ligne, cinq Fregates, & quelqu'autres vaisseaux.

Conseil de Guerre) & il est persuadé qu'un sentiment contraire au sien y prévaudra (70).

Quittons la politique, à la fin de cette lettre; & à l'usage de certaine bonne ménagere de notre pays, je donnerai la méthode de préparer un des plats qu'on nous a servis à diné. Ce fut presque le seul dont il me fut possible de goûter; non que j'eusse la moindre aversion pour la cuisine Espagnole, qui me paroit par l'échantillon que j'en ai eu aujourd'hui toute aussi bonne qu'une autre, mais parce que mon estomac étoit tout à fait dérangé par l'horrible saleté que j'avois vue de nouveau, & la puanteur qui avoit encore assailli mon odorat. Je m'apperçois que je ne saurois jouir ni de la bonne chere, ni de la bonne compagnie dans cette ville, le meilleur parti est de la quitter le plutôt que je pourrai. Il n'est pas possible de céder aux sollicitations de mes deux amis, qui voudroient que je suivisse mon premier dessein qui étoit d'y passer un mois entier. Cette odeur est insupportable.

Lorsqu'on a eu levé la nappe, nous ne

---

(70) Cela est est arrivé peu après: ce qui a été très-nuisible à l'Espagne, & n'a procuré aucun avantage à la France.

nous sommes point amusés à faire circuler la bouteille à la mode Angloise ; nous avons bu une tasse de Caffé, & par dessus un petit verre de *Marasquin*, laissant ensuite aux Convives le soin d'arranger une paix solide entre les puissances belligérantes ; Don Felix m'a conduit chez quelques-uns de ses parents, auxquels il promit hier au soir, en recevant mon billet, de procurer ma connoissance. Ils m'ont tous reçus de manière à me faire abandonner mes anciens préjugés sur les Espagnols que je regardois comme un peuple grave, civil outre mesure & réservé. Dès que les premiers complimens ont été finis, les hommes & les femmes se sont mis à parler, avec une grande volubilité, & beaucoup de vivacité ; & ont paru me regarder déjà comme une ancienne connoissance. Un autre de mes préjugés étoit que les Espagnols étoient naturellement jaloux ; près de trente Dames que j'ai vues cet après midi à une *Tertulia* m'ont parues si alertes, parloient, & s'entretenoient si librement avec tous les hommes qui la composoient, que je ne saurois le conserver plus longtems Il est probable qu'on rencontre des Espagnols sujets à cette passion ; mais que ce soit un défaut national que la jalousie, ce que j'ai vu d'eux m'autorise à n'en rien croire. Je suis persuadé que vous penserez comme moi en lisant la relation que je vais vous donner de la *Tertullia* à laquelle j'ai assisté aujourd'hui.

Les Dames Espagnoles sont dans l'usage de recevoir leurs amies chez elles plusieurs fois par mois les unes plus souvent, les autres plus rarement.

Lorsqu'une Dame se propose de les rassembler elle fait dire à celles qu'elle voudroit avoir, quelle tiendra tel jour sa *Tertullia*. Cet avertissement vaut une invitation. Celle qui reçoit un pareil message, ne manque pas de prévenir les hommes de sa connoissance qu'un tel jour elle se trouvera à telle *Tertullia*, ce qui vaut aussi une invitation. Une cousine de Don Felix a eu la bonté de m'expliquer cet usage de son pays en nous conduisant l'un & l'autre à une pareille assemblée.

Je n'ai pu m'empêcher de remarquer en descendant de carosse, que la porte du logis de la Dame où elle nous conduisoit, étoit toute ouverte, qu'il n'y avoit ni portier, ni personne pour la garder ainsi qu'il se pratique en Angleterre, dans toutes les maisons où l'on reçoit Compagnie. Deux laquais qui étoient derriere le Carosse portant des flambeaux à la main nous ont éclairé pour monter un grand escalier. Le maître de la maison nous a reçus à la porte du premier appartement, a conduit notre Dame dans la salle où étoit sa femme avec celles de ses amis qui y étoient arrivées avant nous ; & l'y ayant placée, est revenu nous joindre pour me faire les politesses qui se font ordinairement aux étrangers.

L'appartement où Don Felix & moi avons été reçus étoit plein de Gentilshommes presque tous en habits galonnés, les uns étoient debout, les autres assis, quelques-uns causoient, quelques autres regardoient & écoutoient, ainsi qu'il arrive ordinairement dans les assemblées un peu nombreuses. Un demie heure après notre arrivée plusieurs domestiques qui avoient servi aux Dames qui étoient dans l'appartement de la maitresse de la maison quelques raffraichissemens nous en ont apporté à notre tour. Voici les cérémonies qu'on observe en les présentant. Un laquais donne d'abord à chacun des assistans une assiette d'argent, ensuite un second leur présente des bassins du même metal chargés de biscuits, faits tout différemment de ceux que j'ai vu ailleurs. Ils sont pleins de cavités comme une éponge, & extrêmement legers. Chacun en prend un avec un verre de limonade, & le posant sur son assiette, le trempe dans la limonade où il est dissous en un instant ; ensuite on boit la limonade. On distribue de suite le chocolat, qui étant bu, les domestiques viennent prendre les tasses vuides, & les assiettes d'argent qu'ils emportent.

Après cela on a continué la conversation pendant une autre demie heure ; lorsque tout à coup, la maitresse de la maison est sortie de son appartement suivie de toutes les Dames qui étoient avec elle : nous nous sommes rangés en haye pour les laisser passer. Quand la maitresse du Logis a été près de moi, son mari m'a presenté à elle comme un étranger, ce qui m'a procuré un acceuil gracieux, & quelques civilités de sa part.

Aucune des Dames n'a passé sans que quelqu'un de la Compagnie ne lui ai dit quelque chose de respectueux ou de tendre, & elles ont répondu sur le même ton : à l'extrêmité de la chambre dans laquelle nous nous trouvions étoit un second appartement dans lequel les Dames sont entrées pêle-mêle, sans faire la moindre cérémonie à la porte celles qui s'en est trouvée la plus proche a passé la premiere : jeune ou vieille, mariée, ou non sans aucune distinction.

Dès quelles ont été entrées nous les

avons suivies, & les avons toutes trouvées assises sur *l'Estrado:* qui est un siege ou canapé qui occupe tout le tour de la chambre, adossé contre le mur.

Il y avoit dans un coin de la chambre une grande table couverte d'autant de plats qu'elle en pouvoit contenir, remplis de différents mets. Le milieu étoit occupé par un gros paté de Perigord, flanqué de deux Dindons rotis, le tout accompagné de jambons, de volailles, de gibier, de saucissons, de salades, de *Caparrones,* (espece de capres de la grosseur d'une ayeline) de *Zebrero* (sorte de fromage que l'on fait en Gallice) &c. &c. cette collation qui étoit froide n'étoit pas moins abondante que bien ordonnée.

Le maitre, aidé de quelques personnes de la Compagnie, qui étoient debout aussi bien que lui, s'est mis à découper, tandis que chacun de nous s'est emparé d'une serviette qu'il a pris dans un tas placé sur une petite table, & a été l'étendre sur les genoux des Dames; ensuite on s'est pourvu d'assiettes, de couteaux & de fourchetes qu'on a placé sur les serviettes, on leur a après cela apporté les mets qu'elles ont demandé; & on s'est baissé ou agenouillé auprès d'elles tandis qu'elles mangeoient, les amusant le mieux qu'on a pu, en leur disant les premieres choses qui nous passoient par la tête, avec tant de gayeté, & de bonne humeur, que jamais je n'ai vu de scene plus agréable.

Vous vous imaginerez sans peine, que parmi ce grand nombre de femmes, il s'en trouvoit quelques-unes qui n'avoient ni jeunesse ni beauté : aucune d'elles n'a cependant eu sujet de se plaindre de cette privation : toutes ont été servies avec le même zele, & sans aucune marque de prédilection. Ce qui m'a paru digne d'être observé, & m'a donné l'idée la plus avantageuse de la politesse Espagnole. Aucun domestique n'est entré pendant cette espece de soupé. Elles ont toutes mangé de très-bon appetit, la majeure partie n'a bu que de l'eau.

Ce joyeux repas étant fini (il l'a réellement été) elles se sont toutes levées, & suivant de nouveau la maitresse du logis, elles ont passé de l'appartement où nous étions dans un autre beaucoup plus spacieux nous abandonnant à nous mêmes : à peine ont-elles été sorties, que nous sommes tombés sur les débris du repas avec une vivacité qui n'est ordinaire que dans ce pays ; la Compagnie Vénitienne la plus

en

enjouée auroit paru triste en comparaison de mes Espagnols de la *Tertullia*.

Il est d'usage d'avoir un concert après soupé, composé en partie de Musiciens qu'on paye, & en partie des convives qui savent tirer parti de quelque instrument. Quelques-unes des Dames auroient aussi chanté, & le concert auroit été suivi d'un bal; ce qui constitue une *Tertullia*: car il faut le soupé, le concert & le bal. Mais comme la Reine vient de mourir, il a fallu retrancher la musique & la danse; & se contenter de jouer aux cartes pour terminer la soirée. On a placé plusieurs tables de jeu dans l'appartement, & nous avons joué à la *Manillia*, jeu en vogue ici, assez semblable à notre *Quadrille*. La maitresse du logis m'a fait l'honneur, en ma qualité d'étranger de me choisir pour son associé, elle a beaucoup ri des fautes que j'ai faites à ce jeu auquel je suis novice. Mais autant que j'ai pu remarquer les dames & les hommes faisoient peu d'attention aux cartes: les les Espagnols se plaisent beaucoup plus à faire la conversation qu'à jouer (71) on ne

(71) Dans leurs Conversations, les Espagnols ont beaucoup de penchant pour la Politique. Ils entendent très-bien, & ils étudient avec beaucoup d'intelligence & d'application les intérêts d'un pays en général. Le paysan le plus grossier va raisonner sur les affaires publiques

mit point d'argent sous les flambeaux pour les cartes: cet usage n'est point connu dans cette ville.

Sur les onze heures la Compagnie a commencé à se retirer à la sourdine, *Alla Spagnuola*, comme nous disons en Italie: sans rien dire ni au maitre, ni à la maitresse du logis. Il étoit minuit quand Don Felix me descendit à ma *Locanda*, en promettant de revenir me prendre demain matin de bonne heure.

Voici la maniere d'aprêter le ris à la Valencienne, c'est-à-dire du ris suivant la méthode de Valence.

Prenez des pieds de cochon de lait, des pieds de mouton, du jambon, des saucisses fraiches & des boudins de sang de cochon: faites bouillir le tout ensemble jusqu'à ce que les os puissent aisément se séparer. Coupez le tout en petits morceaux, faites bouiller le ris dans le bouillon qu'auront produit ces ingrédiens, en y jettant deux pincées de saffran pendant qu'il bout: Lorsque le ris sera à moitié cuit, ôtez le de dessus le feu, pressez le légérement, mettez le dans une tourtiere, jettez y les choses sus mentionnées, & ajoutez y deux ou trois jaunes d'œufs: laissez ensuite la tourtiere

d'une maniere qui ne seroit point déplacée dans la bouche d'un Sénateur séant aux Etats.

pendant une demie heure sous un feu vif de charbons.

LETTRE LVI.

Eglises, Couvents, Monasteres de femmes, Hopitaux, passion favorite de la Reine Barbe. Basquina, & Mantilla. Capas & Sombreros. Sainte Hermandad. Liste de Livres prohibés.

Madrid, 19 Octobre 1760.

PROPORTIONNELLEMENT à la grandeur de la ville, il ne s'en trouve aucune si l'on en excepte Rome, où l'on rencontre une si grande quantité de monuments de la piété chrétienne, qu'à Madrid.

Outre douze Eglises Paroissiales, on en voit ici plus de cent autres particulieres, ainsi que plusieurs Chapelles & Oratoires, quarante Monasteres, trente Couvents de femmes, dix Colleges & Séminaires pour l'éducation des enfans des deux sexes, & dix-sept Hopitaux.

Je conviens volontiers que cette Capitale pourroit dans le cas où ces sortes d'édifices seroient moins nombreux être toute aussi pieuse. Je pose même en fait que plusieurs ont été élevés par la superstition, ce reproche est un des plus ordinaires de ceux que les Protestans, surtout ceux de la Communion Calviniste font aux Catholiques Romains. Mais tandis qu'ils blâment la multitude inutile de lieux consacrés au service divin dans nos Contrées : qu'ils daignent au moins faire attention que parmi le grand nombre d'édifices religieux que l'on voit dans cette ville, cette même superstition contre laquelle ils déclament a destiné cinq hôpitaux au soulagement d'autant de nations étrangères savoir pour les Italiens, les François, les Portugais, les Flamands, & les Irlandois, ou comprend sous cette derniere dénomination les Anglois & les Ecossois. Certainement les Espagnols ont quelque droit aux égards de toutes les Religions, sans en excepter même les Protestans; en reconnoissance de leur magnificence qui les a portés à fonder des aziles pour les étrangers pauvres, & affligés de maladies : je conviens qu'il se pourroit que la politique eût autant contribué que la superstition à l'établissement de ces cinq hopitaux. Mais qu'on me nomme un seul pays dans l'univers où les actions humaines soient tout-à-fait exemptes de foiblesses, & sans aucun mélange vicieux ?

J'ai passé toute la journée à visiter plusieurs de ces maisons, pour pouvoir me former une juste idée de la générosité Espagnole dans ce genre.

L'hôpital général pour les hommes, ainsi qu'on l'appelle, ne contient pas moins de quinze cents lits de fer, distribués dans différentes chambres très-vastes, & dans de longues galleries. C'est ici la regle de recevoir tous ceux qui demandent à être admis à quelle heure du jour ou de la nuit qu'ils se présentent, sans qu'il soit besoin d'employer aucune sollicitation : au contraire, il y a des porteurs aux gages de la maison, qui n'ont autre chose à faire qu'à se tenir toujours prêts à transporter les malades qui s'addressent à eux, & les envoient chercher. Il y a aussi un médecin, toujours de service à la porte principale, qui examine tous les patients qui viennent, & leur assignent la chambre ou la galerie destinée à ceux qui ont la maladie dont il est attaqué.

Comme je me suis trouvé à cette entrée, un vieillard y a été apporté dans une espece de chaise couverte, le médecin l'ayant découverte, lui a fait tout bonnement cette question : *Tiene usted gallico?* Avez-vous le mal venérien ? J'ai été un peu surpris d'entendre l'immodeste sexaginaire répondre affirmativement, du ton de voix le plus clair, & avec l'air le plus affuré. J'ai déjà eu diverses occasions de pouvoir remarquer que les Espagnols font en général moins modestes que les Anglois.

En parcourant les appartemens des malades, je n'ai pas pu m'empêcher d'admirer leur grande propreté, je voudrois que les Espagnols prissent autant de soin de leur Capitale qu'ils en prennent de leur grand hopital. Mon mal de tête ne feroit pas aussi continuel qu'il l'a été depuis que j'y suis entré par la porte de Tolede.

Je me suis informé de plusieurs malades de la maniere dont ils y étoient traités; leurs reponses ont été uniformes & satisfaisantes. Parmi les différentes choses qu'on leur fournit pour leur nourriture, on donne tous les matins à chaque patient pour son déjeuné une grande tasse de chocolat avec une tranche de pain, ou un biscuit ce qui m'a paru une singularité digne de remarque. On ne leur retranche point non plus les vivres dans le commencement de leur convalescence, à moins que les médecins ne l'ordonnent expressément.

Il n'est point ici d'usage de faire subsister les hopitaux du produit des contributions volontaires qu'on sollicite continuellement des particuliers aisés comme on le pratique en Angleterre. Dans cette ville chaque hopital a ses revenus que lui fournissent ses terres & ses autres biens fonds. C'est actuellement la coutume en Angleterre parmi les gens du premier rang, de fournir aux dépenses des maisons de charité, dont plusieurs n'ont été fondées que depuis peu, & ont été bâties par les mêmes moyens que ceux auxquels on a recours pour les faire subsister. Ceux qui ont fourni le plus d'argent pour leur établissement, ainsi que ceux qui en donnent journellement pour leurs dépenses, peuvent, s'ils le désirent, en obtenir la direction, & avoir inspection sur leurs finances, ainsi que le privilege de faire admettre les malades qu'ils protegent. Rien de tout cela n'a lieu à Madrid. Les modes peuvent y être assujetties aux vicissitudes, & la charité s'échauffer, ou se refroidir : ces changemens ne sauroient jamais affecter ces hopitaux sur lesquels plusieurs Confrairies (72) veillent soigneusement. Quelques-uns de leurs membres les visitent tour à tour, prennent soin d'y entretenir l'ordre, & qu'aucun malade n'ait sujet de

---

(72) Une Confrairie en Espagne (*Confradiu*) semblable à une *Confraternita* en Italie, est une société de paroissiens de la premiere qualité; qui contribuent de leurs bourses & de leurs soins aux entreprises charitables de leurs différentes paroisses.

se plaindre de négligence, ou de mauvais traitement de la part des domestiques de la maison. Les gens de la premiere qualité ne regardent point comme au-dessous d'eux d'être membres de ces Confrairies: d'inspecter les comptes de ces différens établissemens charitables (& cela généralement sans que le gouvernement s'en mêle.) & d'empêcher qu'on ne fasse un mauvais usage de leurs revenus ou qu'on ne les dissipe mal à propos. L'Eglise accorde quelques indulgences à ceux qui s'acquittent de ces fonctions pieuses; & il paroit que c'est la seule récompense qu'ils exigent pour leurs peines.

Parmi ces confrairies il en est une que l'on nomme *la Santa Hermandad: la Sainte Fraternité*, ou plus ordinairement *la Confradia de pan y huevos, la Confrairie du pain & des œufs*. Un nombre considérable de ses membres, sous les ordres d'un Chef du premier rang (il arrive souvent que c'est un Grand d'Espagne) parcourt les rues de cette ville pendant les premieres heures de la nuit, afin de rassembler les pauvres des deux sexes qui n'ont aucune habitation, couchés sous les porches des Eglises où sous les portes des maisons. *La Sainte Hermandad* recueille tous ceux qu'elle trouve dans cette triste situation, les con-

conduit aux hopitaux les plus voisins pour y passer la nuit ; le lendemain matin on leur distribue un pain, avec une couple d'œufs pour leur déjeuné ; c'est de cet usage qu'elle a pris son nom : si ces pauvres sont en bonne santé on les congedie, & lorsqu'ils sont malades on les garde pour les faire guérir. Je souhaiterois qu'il y eût quelque établissement de cette nature à Londres, où les mendians qui n'ont aucune retraite ne sont que trop nombreux.

Vous imaginerez facilement que cet *Hôpital Général* doit être considérablement renté ; on prétend que ses revenus se montent à quatre vingt mille pistoles, ce qui ne fait guere moins de trente mille livres sterlings. Parmi ceux qui se trouvent chargés de le déservir sont plusieurs freres de l'ordre connu sous le nom de *St. Jean de Dieu*, occupation bien digne d'une société d'hommes dont la profession les séquestre entierement des vanités de ce monde. Il ne seroit peut-être pas tout-à-fait hors de propos, d'incorporer la meilleure partie de nos moines dans un pareil ordre ; forcé par son institut de se consacrer au service des malades de nos hopitaux : leur tems seroit de cette maniere beaucoup plus utilement employé qu'à se donner la discipline à nud sur un échafaut dans le tems des missions (73).

On assure dans le voyage *d'Espagne de Madame d'Aunoy*, que chaque bâtard élevé dans la maison des enfans trouvés de Madrid, est censé Gentilhomme par la loi Espagnole. Les Auteurs du *Dictionnaire Encyclopédique* ont répété cette assertion avec un peu trop de facilité; ce fait est hazardé, un bâtard est aussi bien bâtard à Madrid que par tout ailleurs, ni la noblesse, ni aucune autre espece de distinction ne sont conférées par la législation à nul des pauvres individus élevés dans cette maison. Il est étonnant que des Auteurs de ce mérite aient pu avancer une chose singuliere d'après une aussi foible autorité.

Quand aux Eglises de Madrid, elles ne sont en général pas aussi magnifiques que je m'imaginois les trouver dans un pays si fort

---

(73) Une mission consiste en un certain nombre de moines, allant par ordre de leurs supérieurs en tel ou tel lieu pour convertir le peuple, suivant leur maniere de s'exprimer. Dans ces occasions ils élevent des échafauts au milieu des places & des autres lieux publics: là ils se déchaînent d'une voix tonnante contre les pécheurs; en se donnant la discipline sur le dos nud d'une si furieuse maniere que le sang coule de tous côtés, ce qu'ils font pour donner plus de force à leurs déclamations. Depuis quelques années ces missions ont été défendues dans plusieurs Etats d'Italie.

célébré pour la piété de ses habitans: la plus grande partie sont singulierement décorées de mille choses qui ne seroient point admises comme ornemens d'Eglises dans d'autres régions. Les murs sont ordinairement couverts de petits ouvrages sans art, fruits du pinceau & de ciseau, distribués au hazard, ou du moins sans beaucoup d'ordre ni de simétrie: dans celle appartenante aux *Péres de la Merci* se trouve une espece de vaste tiroir, contenant différens colifichets, & bagatelles, qui sont des présens de gens qui se sont repentis de leur attachement aux choses de néant, & qui les ont sacrifiées à un petit Sauveur de cire renfermé dans ce même tiroir. Parmi celles qu'il contient, se trouve un gros morceau d'un gâteau au sucre, présenté (à ce qu'on m'a dit) par une Dame qui croyoit aimer trop les friandises, & un tablier de mousseline donné par une autre, qui eut un accès de vanité la premiere fois qu'elle le mit. Ces deux Dames eurent recours à cet expédient pour mortifier leurs penchants déréglés. Je pourrois aisément vous fournir d'autres preuves de cette espece de la dévotion minutieuse des Espagnols, très-ordinaire chez les femmes, & qui n'est même pas rare chez les hommes. Je m'étonne que les Méthodistes d'Angleterre n'aient point encore adopté cette pratique, si conforme aux idées rigides qu'ils se sont formées de la mortification Chrétienne.

L'Eglise la plus magnifique de Madrid est celle qui appartient aux *Monjas Salesàs*, aux *Religieuses* Salésiennes. Cette Eglise & son superbe Monastere ont été bâtis par la Reine *Barbara*, que n'étoit guere, remarquable que par sa passion pour la musique, & par sa dévotion. Cette passion l'engageoit à donner près de quatre mille livres sterling par an au célébre *Farrinelli*, qui fut constamment son favori pendant un grand nombre d'années, & auquel outre plusieurs autres choses, elle légua tous ces instrumens, & tout son Cabinet de livres de musique, qui étoit peut-être le plus considérable qu'il y eût au monde. Parmi les saints tutélaires & patrons dont elle s'étoit choisi une grande quantité, le plus chéri, étoit *St. François de Sales*, communément appellé le *St. Evêque de Geneve*: quoique les Genevois ne l'aient jamais reconnu pour leur Prélat, pour honorer ce second favori, la Reine Barbara vers l'année 1748. déboursa plusieurs millions de pistoles pour cette Eglise & ce Monastere qu'elle lui dedia. Elle fit venir d'Annecy (petite ville de Savoye) quelques Réligieuses du nombre de celles qui suivent la regle de ce faint, & les mit en poffeffion de ces deux édifices, tachant depuis d'augmenter cette Communauté, & d'y faire entrer des fujets Efpagnols, ces Réligieufes Savoyardes, (dont deux font encore actuellement vivantes) fe prêterent fi bien à fes vues, en gagnant de jeunes filles & les engageant à embraffer leur regles, que cette maifon fe trouve préfentement habitée par près de trente Réligieufes toutes de familles nobles : car on n'y admet point de roturieres. Les revenus dont la Reine l'a dottée font encore augmentés par les penfionnaires qu'elles prennent, qui font toutes de jeunes Demoifelles de qualité : ces Réligieufes leur enfeignent à lire, à écrire, différens ouvrages, & à prier : mais, furtout, à croire que St. François de Sales eft le plus grand Saint du Paradis, & le plus chéri de la St. Vierge.

La Reine avoit un appartement dans cette maifon, où elle comptoit fe retirer au cas qu'elle eut furvécu au Roi. Mais comme elle eft morte avant lui, cela n'a point eu lieu. Son corps n'a pourtant point été tranfporté à l'Efcurial ; où font dépofés tous ceux de la Famille Royale ; mais a été placé dans cette Eglife dans un fuperbe monument.

L'Eglife de St. François de Sales, eft la

seule à Madrid dont les ornemens ne soient ni trop nombreux, ni enfantins. Ses autels ne sont point décorés ainsi que tous ceux des autres Eglises de bouquets composés de fleurs naturelles ou artificielles, on n'y pend point non plus de jolies cages de sereins de canarie qui font entendre leur ramage pendant toute la journée, à la grande satisfaction de ceux qui vont entendre la messe le matin, ou recevoir la benediction dans l'après midi. Cette Eglise a plusieurs ornemens magnifiques. Le plus remarquable après le mausolée royal, est une lampe d'argent suspendue par trois longues chaînes du même métal devant le maître autel; cette lampe, & ces chaines pésent *quatorze arrobes*; c'est-à-dire, trois cent cinquante livres. Les trois tableaux placés sur les trois autels sont de trois peintres modernes; savoir de *Velasquez* de *Madrid*, de *Signaroli* de *Verone*, & de *Franceschiello* de *Naples*.

Les Religieuses m'ont montré dans la sacristie quelques surplis pour les prêtres qui officient, des plus belles dentelles de Flandres: elles m'ont dit que chacun de ses surplis coutoit plus de mille pistoles, ce que je n'ai pas de peine à croire. Elles m'ont aussi montré plusieurs calices, plusieurs croix, plusieurs ostensoires, des ciboires, & des vases, enrichis d'une si grande quantité de diamants, de rubis, d'émeraudes, & d'autres joyaux que ceux même qui ont vu ce qu'il y a de plus riche à Lorette en sont étonnés. J'ai remarqué aussi quelques beaux tableaux & des ornements précieux dans l'Eglise des Jésuites.

Il n'y a ni prie-Dieu, ni bancs, ni chaises dans les Eglises de Madrid, je n'en ai du moins point vu dans celles que j'ai visitées. Les planchers sont couverts de nattes de paille, sur lesquelles les hommes & les femmes s'agenouillent pêle mêle sans aucune distinction de place, qu'ils soient Grands d'Espagne, ou savetiers, Duchesses ou blanchisseuses. Quelquefois les hommes se tiennent debout pendant la messe, mais les femmes sont assises négligemment sur leurs talons pendant la majeure partie du tems qu'elles sont à l'Eglise, tenant leur rosaire à la main, disant leur chapelet à voix basse, & avec un mouvement rapide des levres. Je ne conçois pas comment on peut-être recueilli un moment pendant ce chuchottement universel, souvent accompagné du chant des sereins de canarie.

Les femmes de tous les états portent leurs rosaires à la main toutes les fois qu'elles vont à l'Eglise, & toujours de maniere que tout le monde puisse les apperçevoir.

Ils font partie de leur ornement dévot. On m'a assuré, qu'il est d'usage parmi celles du plus bas étage, d'accepter de beaux rosaires en présent de leurs amans. Toutes les femmes de quelle condition qu'elles soient ne vont jamais à l'Eglise sans la *Basquina*, & la *Mantilla*. La *Basquina* est une jupe *noire*, ordinairement de quelque étoffe de soye, qui couvre la robe de la ceinture en bas, & la *Mantilla* est un voile de mousseline ou de batiste qui cache leur tête, & la partie supérieure du corps. Lorsqu'elles ne levent pas leurs voiles, ainsi que font plusieurs d'entre elles tant à l'Eglise que dans les rues; il est difficile, s'il n'est pas même impossible, aux maris de reconnoitre leurs propres femmes (74).

Quand aux hommes, les gens distingués s'habillent ordinairement à la maniere Françoise: portant le chapeau sous le bras com-

---

(74) L'étiquette générale, dit l'aumônier Anglois que nous avons déjà cité, est que dans les rues & dans les églises, les hommes soient à peu près habillés tous de la même façon, & que les femmes soient toutes entre elles habillées aussi de la même maniere. Celles-ci cependant dans leurs visites sont mises chacune à sa mode, & leurs ajustemens sont plus beaux que ceux de nos Dames en Angleterre. On conçoit aisément quel avantage c'est pour la galanterie Espagnole que tout le monde ait en public le même uniforme.

me on le pratique en France. Mais les gens du peuple s'enveloppent jusqu'aux yeux dans leurs *Capas*. Ce sont des manteaux bruns qui descendent jusqu'à terre. Les Grands eux-mêmes, portent quelquefois ces vilaines *Capas* (75) pour se déguiser. Celui qui a une *Capa*, a aussi ses cheveux cachés sous un bonnet de cotton, ou sous un filet de soye, & le *Sombrero* par dessus, c'est-à-dire un chapeau rabattu. Mais comme l'on ne laisse entrer aucun homme dans l'Eglise la tête couverte; il n'est pas moins indécent que ridicule d'en voir un grand nombre sortant du service divin, occupés sous le porche devant la porte, à attacher ces filets qu'ils avoient serré dans leurs poches en entrant; ils les portent ordinairement pour la plupart jusqu'à ce qu'ils soient sales, & très-gras.

Il est constant, que le Roi, n'aime point à voir personne enveloppé dans un large manteau avec un chapeau detroussé sur la tête. Mais ses sujets paroissent fort peu s'embarrasser du peu de goût que S. M. a pour cet habillement, & ne craignent point

---

(75) Depuis la datte de la présente lettre, le Roi a défendu de porter à Madrid, les chapeaux détroussés, desorte que les gens de quelque considération ont totalement renoncé à ce déguisement.

de se présenter à ses yeux dans cet état. Telle est la force des anciens usages, qu'ils ne sauroient être abolis par l'antipatie même qu'un Monarque absolu témoigne avoir pour eux ; quoiqu'il ne paroisse pas vouloir les forcer par un ordre positif à y renoncer.

On voit souvent aux portes de plusieurs Eglises des écriteaux, qui annoncent aux passans, ce qui s'y passe intérieurement toutes les fois qu'il y a quelque solemnité extraordinaire. J'ai lu un de ces écriteaux, qui portoit en lettres capitales. *A qui est à manifesto & Santissimo Sacramento. Ici le St. Sacrement est exposé.* Un autre contenoit un Catalogue des Livres que l'on ne sauroit lire sans encourir l'excommunication. Ce qui me parut singulier, c'est que tous étoient des ouvrages François, & tous de cette classe qui ne sauroit faire aucun tort à la religion qu'auprès des lecteurs peu sensés. Il y a peu de productions de Voltaire & de Rousseau qui ne se trouvent dans ce Catalogue, & l'on m'a assuré que leurs noms étoient parmi les gens peu instruits de ce Royaume aussi détestés que ceux de Luther, & de Calvin. Don Felix d'Abreu, qui a passé plusieurs années de sa vie en Angleterre, & perdu en grande partie l'horreur naturelle pour les livres hétérodoxes; ne sauroit s'empêcher de blâmer cette méthode Espagnole, d'annoncer les livres que l'on croit devoir défendre, nos Seigneurs, dit-il, liront les Auteurs, François qui auront de la réputation en dépit „ de nos prêtres, & de nos moines. La „ plus grande partie s'embarassent fort peu „ des anathêmes fulminés contre ceux qui „ lisent des livres défendus. Notre petite „ noblesse ne s'applique pas encore assez „ aux langues étrangeres, & quand au peu- „ ple, ils ne s'embarrasse certainement point „ la tête de littérature Françoise. En con- „ séquence nos supérieurs Ecclésiastiques se „ sont lourdement trompés, en invitant à la „ désobéissance par les Catalogues qu'ils „ font afficher aux portes des Eglises, qui „ ne servent qu'à faire connoître à tout le „ monde, ce qui sans ces affiches ne le se- „ roit que de fort peu de gens."

Il y a à peine une seule Eglise dans cette ville qui ne puisse se glorifier de quelque excellent morceau de peinture. Dans la Sacristie de celle des *Recollets* il s'en trouve quelques-uns si parfaits qu'il n'y a point de connoisseur qui ne fît volontiers cent milles pour les voir, surtout une Marie Magdeleine supportant un Christ mort par *Corrége* (76) & une *Madone* avec

(76) *Antoine Corrége*, né à Corrégio, dans le Modénois, en 1494, & dont le vrai nom étoit *Antoine Allegri*, passe pour avoir eu trois maîtres; mais on n'en reconnoît aucun dans ses ouvrages. Il est regardé comme le fondateur de l'Ecole de Lombardie. Le Corrége, conduit par la nature, sans le secours des beaux modeles que nous ont laissés les anciens, & sans avoir vu Rome ni Venise, sçut réunir le grand goût de dessin de l'Ecole-Romaine, au beau coloris des Peintres Vénitiens. Il se forma lui-même une idée des plafonds, en imagina les raccourcis & l'optique, & fournit les premiers exemples de ce genre d'ouvrages.

Le Corrége étoit né avec un génie heureux, & avoit toutes les dispositions nécessaires pour la peinture. Il s'éleva de lui-même à la perfection de son art; ses compositions sont fecondes & d'une riche ordonnance; les actions de ses figures sont justes & vraies; leur expression est si naturelle, qu'elles paroissent respirer. Tout plaît dans les tableaux de cet Artiste : il y regne une intelligence & une harmonie admirables, une fraîcheur & une force de coloris qui donnent de la rondeur & du relief à tous les objets qu'il traite.

Il s'attacha particuliérement aux graces; il donnoit à ses femmes une expression douce, & un sourire si agréable qu'elles font naître la volupté; leurs ajustemens, leurs cheveux, tout paroît inspirer le même sentiment; ses draperies, dont les plis sont larges & coulans, sont peintes d'une maniere moëlleuse, & font leur effet de près comme de loin. Ses payfages aussi sont touchés très-légerement, & sont d'une fraîcheur admirable. Tous ces talens réunis ont étonné tous les Peintres de son temps, ainsi que ceux qui les ont suivis.

son enfant par *Raphaël* (77). Le moine

Il n'a peut-être manqué au Correge que de sortir de son pays, & de voir les antiquités & les tableaux de Rome & de Venise, pour devenir le premier Peintre du monde. On lui a quelquefois reproché des idées un peu bisarres, de légeres incorrections, & des caracteres de tête répétés. Ses contours, qui souvent ne sont pas exactement corrects, sont toujours d'une grande maniere.

On raconte qu'à la vue de quelques ouvrages de Raphaël, qui furent vraisemblablement transportés dans son pays, il ne put s'empêcher de dire, en admirant le talent de ce grand Artiste, cela est fort beau ; mais je suis Peintre aussi : *Anche io son pittore*.

Ce grand homme mourut à Correggio en 1534, âgé de quarante ans. Il joignit à ses talens des connoissances réelles dans diverses sciences, telles que l'Architecture & les Mathématiques. Ses tableaux de chevalet sont très-rares, & d'une cherté surprenante.

(77) *Raphaël* est parmi les peintres ce qu'Homere est entre les Poëtes, le premier de tous. L'étendue de son expression & la noblesse de son dessin, l'ont mis au-dessus de tous les Artistes qui lui ont succédé.

Sa famille étoit très-considérée à Urbin, où il naquit en 1483. Il reçut de son pere les élémens du dessin, & fut mis ensuite sous le *Perugin*, qui jouissoit alors d'une assez grande réputation. De-là il passa à Florence, où il vit les ouvrages de Léonard de Vinci & de *Michel-Ange*, & se rendit à Rome auprès de son oncle *Bramante*, fameux Architecte, qui le présenta à Jules II. Ce Pontife le chargea des ouvrages de peinture qu'il faisoit faire au Vatican. Le premier de ses tableaux fut celui de la théologie : ce morceau tient un peu de la sécheresse des principes qu'il avoit reçus de *Perugin*. Le Pape cependant fut si content

qui m'a montré la Sacristie, n'a jamais prononcé le nom de Raphaël sans le faire

de cet essai, qu'il fit détruire toutes les autres peintures de ce Palais, pour les faire remplacer par ce célebre Artiste, qui, immédiatement après, développa tous ses talens dans le fameux tableau de l'Ecole d'Athenes, ainsi que dans ceux du Parnasse & d'Attila. La punition d'Héliore, le miracle de la messe, la délivrance de Saint Pierre, l'incendie de Rome, mirent le comble à sa réputation. Les autres tableaux distribués dans les quatre grandes salles de ce Palais, ont été exécutés, sur ses dessins, par ses meilleurs Eleves, ainsi que les plafonds des loges, dont les sujets sont pris dans l'Histoire sainte. Les nôces de Psyché, peintes au petit Farnese, présentent, en plusieurs morceaux, ce que ce grand Maitre a produit de plus sublime. Les Grâces, Venus & les Amours, y contrastent agréablement avec la fierté de Mars, de Neptune & de Jupiter.

La réputation de Raphaël parvint à François Premier, qui voulut avoir un Saint Michel de sa main; ce Monarque, à la réception du tableau, lui marqua sa satisfaction par une somme considérable, & qui parut à ce grand homme trop au-dessus de son ouvrage. Il fit alors une Sainte Famille, qu'il supplia le Roi de vouloir accepter; ce Prince généreux répondit à Raphaël, *que les hommes célebres dans les arts partageant l'immortalité avec les grands Rois, pouvoient traiter avec eux.* Il doubla la somme qu'il lui avoit accordée pour le précédent tableau, en l'invitant à passer en France pour s'attacher à son service; mais Léon X, qui l'avoit chargé, après la mort de *Bramante*, de la reconstruction de la Basilique de Saint Pierre, s'y opposa & le fixa à Rome, en lui accordant une pension considérable.

Raphaël, toujours sensible aux bontés du Monarque Fran-

précéder de l'épithete de *Divin*. Je n'ai pu m'empêcher de sourire en voyant que çois, voulut signaler sa reconnoissance & se surpasser lui-même dans un grand ouvrage qu'il destina à lui être présenté, quoiqu'il lui fût demandé d'ailleurs: ce fut la Transfiguration de Notre Seigneur sur le Mont Tabor, qui a toujours passé pour le premier tableau du monde. La mort ayant prévenu ce grand homme avant qu'il fût entiérement terminé, ce chef-d'œuvre resta à Rome, & se voit aujourd'hui à *San-Pietro in Montorio*.

La nature sembloit avoir prodigué tous les talens à ce génie heureux. Il fit un nouveau plan pour l'Eglise de St. Pierre. Rome est aussi décorée de plusieurs Palais de ses desseins. Il en avoit fait construire un pour lui dans le voisinage du Vatican, qu'il a fallu indispensablement détruire pour édifier la colonnade de la place Saint Pierre; ce Palais étoit orné de l'histoire de Psyché, qui avoit fait reconnoître cet Artiste pour le plus gracieux des Peintres.

Raphaël s'exerçoit aussi quelquefois à la sculpture, qu'il possédoit supérieurement.

On montre à Rome, dans une chapelle à la *Madona del Populo*, dont il a peint la coupole, un Jonas de marbre de grandeur naturelle, qu'on lui attribue, & qui peut passer pour un chef-d'œuvre en ce genre.

Les ouvrages que ce grand Maitre à laissés au Vatican & au petit Farnese, ont toujours été la source où tous les Artistes célebres ont puisé les lumieres & les moyens par lesquels ils se sont distingués.

La mort prématurée de ce grand homme, arrivée en 1520, le jour du vendredi saint, à l'âge de 37 ans, l'a arrêté au milieu de sa carriere, & l'a fait d'autant plus regretter, qu'il a laissé plusieurs ouvrages imparfaits.

Léon X avoit promis de l'élever au Cardinalat.

notre façon Italienne de nous exprimer en fait de peinture étoit parvenue jusqu'au delà des Alpes. J'ai été scandalisé en voyant dans l'Eglise des *Trinitaires* une déclaration imprimée en faveur de l'immaculée conception de la vierge, attachée avec une grosse épingle, à un beau tableau attribué à Luc *Jordain*.

Fin du Second Tome.

ERRATA.

Pour le Voyage de Londres à Gênes.

TOME SECOND.

Page 8. Ligne derniere *he tam quendo*, lisez *he tam querido*.

— 11. Lig. 17. *pocos y focos*, lisez *pocos y locos*.

— 39. - - - 2. [de la Note] terre ciselée, *lisez* terre sigillée.

— 40. pénultieme *cocuo me dit*, *lisez* le cœur me dit.

— 41. ligne 6. au palais, *lis.* au cabaret.

— 45. - - - 13. le fangando *lisez* le fandango.

— 63. - - - 7. *para disent andara usted*, lisez *para desenf adar usted*.

— 66. pénultieme *Dom Luis du Cunha* lisez *Dom Luis da Cunha*.

— 73. - - - 15. quelles ne lui fissent, *lisez* qu'elles ne lui fassent.

— 74. - - - 23. & ne placer, *lisez* & me placer.

— 115. - - - 13. *Las Casas del Puexto*, lisez *del puerto*.

ERRATA.

Page 132. ligne 21. & de vous demandent, *lisez* & de vous demander.

— 135. - - - 8. tout auſſi le pauvre, *lisez* tout auſſi pauvre.

— 137. - - - 6. pareille ſenova, *lisez* pareille Senora.

— 139. - - - 21. je ne ſçais le nombre, *lisez* je ne ſçais ſi le &c.

— *idem.* pénultieme Oropera, *lisez* Oropeza.

— 147. - - - 6. deux du trois heures, *lisez* deux ou trois heures.

— 155. - - - 19. arrivés pour après, *lisez* arrivés peu après.

— 159. - - - 3. de faiſance, *lisez* de fayance.

— 169. - - - 25. inconnu Corregidor, *lisez* inconnu au Corrégidor.

— 198. - - - 8. le figurer ſans nés, *lisez* les figures ſans nés.

— 203. - - - 1. de Milano, *lisez* de Milan.

— 263. - - - 3. par Mille, *lisez* par Mule.

— 318. - - - 14. & ſantiſſimo, *lisez* el ſantiſſimo.

www.ingramcontent.com/pod-product-compliance
Lightning Source LLC
Chambersburg PA
CBHW060337170426
43202CB00014B/2799